Esoterik

Herausgegeben von Gerhard Riemann

Ute Manan Schiran lebt fernab städtischer Zivilisation in einem Dorf auf der Schwäbischen Alb in einer Gemeinschaft von Frauen, die den Clan-Namen »Schiran« tragen. Ihr Ziel ist es, »die in den Frauen ruhenden magischen Kräfte wieder zu erinnern, zu spüren, sie zu wecken und damit umzugehen«.

Von Ute Manan Schiran ist außerdem erschienen:

»Die Wege der Wölfin« (Band 4199)

Originalausgabe 1988
© 1988 Droemersche Verlagsanstalt Th. Knaur Nachf., München
Das Werk einschließlich aller seiner Teile ist urheberrechtlich geschützt.
Jede Verwertung außerhalb der engen Grenzen des Urheberrechts-
gesetzes ist ohne Zustimmung des Verlages unzulässig und strafbar.
Das gilt insbesondere für Vervielfältigungen, Übersetzungen,
Mikroverfilmungen und die Einspeicherung und Verarbeitung
in elektronischen Systemen.
Umschlaggestaltung Dieter Bonhorst
Satz IBV Satz- und Datentechnik, Berlin
Druck und Bindung Ebner Ulm
Printed in Germany   10 9 8 7
ISBN 3-426-04171-5

Ute Manan Schiran:
Menschenfrauen fliegen wieder

Die Jahreskreisfeste
als weiblicher Initiationsweg

Illustrationen von Sara-Ester Schiran

Danksagung

Ich danke all meinen Freundinnen in der Umgebung für ihre Geduld, ihre Unterstützung und Anteilnahme am Prozeß des Schreibens. Ohne das gemeinsame Leben und Erleben der Jahreskreisfeste wäre dies Buch nicht entstanden.

Mein besonderer Dank gilt meiner Lebensgefährtin Birgit Schiran und meiner Tochter Miriam, die mir beide alltägliche Arbeiten abgenommen haben, für die ich normalerweise zuständig bin.

Auch danke ich ihnen für die Langmut und Ruhe, mit der sie mich begleitet haben, wenn ich mir die Haare raufte, nicht schlafen konnte, genervt war, unansprechbar, mich entweder für genial oder absolut unfähig hielt.

Des weiteren danke ich meiner Freundin Sybille Brüggemann für ihren Humor und die Ausdauer, mit der sie gemeinsam mit mir einen Großteil des Manuskripts korrigierte und es in eine lesbare, annehmbare Form brachte.

Kali,
die große Tod-im-Leben-Göttin Indiens, wird als
die Macht angesehen, die die Dinge antreibt
und reifen läßt. Sie ist, wie Hekate bei den
frühen Griechen, Schirmherrin der Zaunreiterinnen
und der Wanderinnen zwischen den Welten, also der
Frauen, die bei uns mit dem belastenden Wort *Hexe*
bezeichnet werden.
Ihr, der Zeit, die mich führt, sei dies Buch
gewidmet.

Inhalt

III Der Jahreskreis

Vorwort:
Hebammen in die Welt...

...in der sich Fuchs und Hase
guten Morgen sagen

Meine erste Begegnung mit Ute liegt viele Jahre zurück. Sie hatte an dem legendären Workshop von Barbara Starrett teilgenommen, den ich wegen Filmarbeiten verpaßt hatte. Eine sehr typische Situation für unsere ganze spätere Verbindung. Ich machte die kühnsten Erfahrungen und Experimente auf spirituellem Gebiet zwischen McDonald's und Air Afrique, während Ute auf ruhige, unerschütterliche Art ihre Kultur wob, die sie aus der Tiefe holte. Immer wieder verstanden wir uns auf Anhieb.

Als ich in den Trance-Workshop einsteigen wollte, in dem sie die Erfahrungen von Barbara Starrett weitergab, fand ich einmal das Haus nicht, einmal hielt mich ein Unfall auf, für den ich plötzlich um jeden Preis Zeugin sein sollte, einmal fiel er aus, als ich endlich entdeckt hatte, wo er stattfand. Auch das wurde typisch für unsere Zusammentreffen, die einem Zusammenprall jeweils nicht unähnlich waren. Meine schnelle, sinnliche Unbekümmertheit war eine Provokation für die Lesbengemeinschaft, in der auch Ute lebte.

Da war dieser übermütige Hüftschwung, mit dem Ute und ich uns immer begrüßten, ehe wir ans Eingemachte gingen. Unser Gelächter war bald fürchterlicher als unsere Wut. In Niederbayern, wo Ute damals wohnte, gab es eine Venus-Bar, die uns immer wieder zu provokanten Ideen anstachelte.

Ute und ihre damalige Freundin hatten ihren Hof vermittels eines Schutzkreises und Schutzzaubers gesichert. In einer Nische an der Haustür, wo der Postbote immer durch mußte, standen kleine Göttinnenfiguren und Votivgaben, Blumen und Kerzen. Wie seltsam dieser Hof auch für die Ur-Einwohnerinnen sein mußte: Sie trafen sich gern mit den Frauen dort, weil es da Wissen gab, Bestätigung tiefer Ahnungen. Ute packte ihre Muttersprache aus, die Bayerisch ist wie meine: Schon war eine Wärme da.

Ich kam immer von außen. Während die Frauen auf dem Hof – bald kamen neue dazu, Birgit, Dorle, Barbara und andere – langsam und stetig die Kultur der alten Frauengemeinschaften wieder ausgruben und zum Leben brachten, kam ich, mit wenig Zeit, immer etwas atemlos, immer voller Energie und gut drauf, sobald ich die Schwelle überschritten hatte, und brachte Impulse und manchmal auch Probleme.

Als die Frauengemeinschaft sich einen Klan-Namen gab und auf die Schwäbische Alb zog, um dort ein größeres Netz von Klan-Frauen und -Häusern zu weben, tauchte ich in einen Klan in Afrika ein und lernte afrikanische Fetisch-Magie von einer alten Zauberin. Während das Netz der Schiranfrauen dichter und tragfähiger wurde, sammelte ich – fast fieberhaft – das Wissen der Frauen bei den Tuareg, bei den Dogon, bei den Aschanti und den Ga in Afrika.

Ihre Arbeit war für mich immer weit und tief wie das Meer. Da war eine Ruhe und Zuverlässigkeit. Meine Arbeit war fast immer spektakulär, jede Reise wurde zu einer Art Initiation, immer brachte ich ebenso spektakuläre Krankheiten mit tiefen Todeserfahrungen mit.

Scheinbar arbeiteten wir an völlig gegenläufigen Strömen, die sich gelegentlich berühren und kleine heftige Strudel machen. Aber es gab einen wichtigen Austausch, und ich fing an zu begreifen, daß alle unsere Erfahrungen wichtig waren. Das wurde zur Qualität unserer Verbindung: Es gab keine dogmatischen Forderungen mehr. Kein Entweder – Oder. Nichts kam endgültig vom Tisch. Wenn wir glaubten, uns endgültig verloren zu haben, trieb es uns sogleich heftigst wieder aufeinander zu. Da begriffen wir vermutlich beide, daß wir einer alten Verbindung angehörten, die durch Tagesform und dogmatische Entscheidungen nicht zu zerstören ist. Wir sind lebendige Teile einer sehr alten Kultur, die wir in uns und außerhalb von uns emporgeholt haben. Wir haben zu verschiedenen Zeiten unseres Lebens einen roten Faden dieser Kultur zu fassen bekommen und sind ihm auf verschiedene Art gefolgt.

Ute und ich pflegten zur gleichen Zeit eine Zahnlücke, und ich liebte es zu spüren, wie sie ihren Raum über eine Ausdehnung ihres Körpers erweiterte. Manchmal schauten wir Fotos an, auf denen sie schön und gertenschlank in Paris als Fotomodell posierte. Wir konnten uns kringelig lachen.

Was meine innere Zugehörigkeit zur Kultur der Schiranfrauen verstärkt hat, war meine frühe Erfahrung von Frauengemeinschaft: Ich bin nur mit Frauen aufgewachsen und kenne das Sich-Reiben (Sich-Aufreiben), die Schweigsamen, die Ratschen, die Streitsüchtigeren. Ich kenne den Sumpf der Gefühle, aus dem wir oft tagelang nicht ausbrechen konnten. Wenn ich Birgits Unlust am ständigen Telefonläuten und dauernden Besuchern in Sulzdorf sehe, fühle ich eine große Wärme, denn sie ist wie meine Oma. Karg, genau, auch streng, aber sehr zärtlich. Diese Erleichterung, wenn es keinen Mann gibt, der mal auf den Tisch haut, wenn keine das ewige Spinnen und Kreischen und Herumalbern stört. Diese Erleichterung, wenn du fürs Klo keinen Schlüssel brauchst, auch dann nicht, wenn du blutest und dich eigentlich in den letzten finsteren Winkel verkriechen willst.

So ist das Haus der Schiranfrauen für mich immer ein Hafen. Manchmal schwappen die Wellen wohl rein, aber niemals bedrängen sie mich.

Nach der Katastrophe von Tschernobyl hatte ich derart den Boden unter den Füßen verloren – die Hügelbeete überwucherten den ganzen Sommer, wir gaben die Landwirtschaft auf, die fette und blühende Natur wurde mir wirklich zur Bedrohung –, und die Wut/Angst fuhr mir derart in den Bauch, daß er anschwoll und zu schmerzen begann, bis ich es kaum noch ertragen konnte.

Ich fuhr buchstäblich in höchster Not zu Ute und Birgit. Das erste, was ich spürte, war diese liebevolle Gelassenheit; zwar betroffen, aber nicht panisch verwickelt in die Ereignisse der Außenwelt. Zögernd aß ich von der köstlichen Himbeermarmelade, die sie gerade eingekocht hatten. Nicht daß das Problem unter den Tisch gekehrt wurde. Aber es gab einfach diese Gewißheit: Eine dauerhafte Veränderung kann es nur geben, wenn wir unsere Kultur wirklich entwickeln und ausbreiten. Ich sang in Utes weißem Zelt auf dem Dachboden mit ihr zusammen Mantren, die meinen Bauch aufwühlten, bis es kaum noch zu ertragen war.

Niemals hatte irgendeine Handlung den Charakter einer aufgesetzten Heiligkeit. Was auftauchte, wurde umgesetzt, gelebt, gefeiert. Bevor ich wieder heimfuhr, machte mir Ute noch eine wundervolle Massage.

Dann saß ich im Auto, donnerte über die Autobahn, ließ Rockmusik durch mein Hirn laufen und fing an zu weinen. Es ist wohl überflüssig zu erwähnen, daß mein Bauch endlich loslassen konnte, ich hatte eine sehr lange und starke Blutung und das Gefühl, wirklich gründlich gereinigt zu sein.

Seitdem ist mein Leben nicht wie vorher. Etwas hat sich in mir festgesetzt: eine große Sehnsucht, die ich noch nicht leben kann.

Ich will mit all diesen Erlebnissen etwas über Utes Arbeit klarmachen: Sie strickt keinen neuen Trend, sondern sie verkörpert und lebt mit anderen Frauen, mit uns zusammen, eine andere Kultur. Sich auf Utes Bücher einzulassen heißt, in eine andere Kultur einzutauchen, wie vielleicht in die der Hopi oder der Cree oder auch der Aschanti. Ich habe meinen Status als neugierige Ethnologin in Afrika, aber auch auf der Schwäbischen Alb längst aufgegeben. Ich bin Teil dieser hochkochenden Frauenkultur geworden – aber eben, vielleicht war ich das schon immer, genau wie Ute.

Wir sind uns Hebammen in die andere Welt geworden, unsere Fruchtbarkeit bringt keine Kinder mehr hervor, die Töchter sind bald Frauen, und unsere schöpferische Kraft wandert weiter und tiefer.
Und es gefällt mir, daß unser entwaffnendes Lachen auch andere Frauen ansteckt.

Luisa Francia

I

Der Boden, auf dem wir uns bewegen

Der rote Faden nach Hause

Biographischer Streifzug
durch das Labyrinth meines Weges

> Zeig mir das Angesicht, das du
> hattest,
> noch ehe deine Eltern geboren
> waren. *Zen-Koan*

Ich halte den schwarzen Spiegel vor mein Gesicht. Das Licht
bündelt sich darin anders als in den anderen Spiegeln. Mein Gesicht ist mir bekannt und unbekannt.
Als kleines Mädchen hatte ich einen allabendlichen Ritus, den
ich heimlich ausführte und den ich, ebenso heimlich, »heim-
kommen« nannte. Bevor ich einschlafen konnte, legte ich mich
ganz ruhig und unbeweglich ins Bett, atmete auf eine mir sonst
nicht geläufige Weise (von der ich erst Jahrzehnte später wußte,
daß es eine alte Atemtechnik war, um in andere Bewußtseinszu-
stände zu kommen) und sank so in einen körperlichen Zustand,
währenddessen ich, zum eigenen Entzücken, jeden Abend ein
Déjà-vu-Erlebnis von immer wieder erlebter Köstlichkeit hatte:
Ich roch Gerüche und war von Farben erfüllt, die ich »kannte« –
nicht aus meinem Kinderalltag, sondern von irgendwoher –, und
dies Irgendwo nannte ich »zu Hause«. Sobald ich von diesen Farben erfüllt war und die köstlichen Gerüche in der Nase hatte,
schlief ich angstfrei und friedlich ein.
Es gab einen zweiten Ritus, der, ebenso heimlich wie der tägli-
che, in meinem Leben eine Rolle spielte und den ich unter keinen
Umständen in meinem Elternhaus preisgegeben hätte. Er betraf
meine schweren kindlichen Entscheidungen – immer dann,
wenn alle Erwachsenen und meine Geschwister befanden, ich
müsse dies oder jenes tun oder lassen, und ich dagegen innerlich
das Gefühl hatte, mir gemäß handeln oder eben nicht handeln zu
wollen.

Wie viele kleine Mädchen hatte ich eine fürchterliche Angst vor Spinnen. Wenn ich aber eine Entscheidung treffen mußte, bat ich den lieben Gott, mir eine große schwarze Spinne zu senden, wenn das, was ich fühlte, richtig sei. Die Spinne, so wußte ich, machte mir so viel Angst, daß ich sie nicht sehen würde, wenn ich einfach nur meinen Kopf gegen die anderen durchsetzen wollte. Sie erfüllte mich gleichermaßen mit Grauen und dem schwindelerregenden Gefühl der Freiheit, wenn sie erschien. Es kam selten vor, daß ich um ihr Erscheinen bat. Nur in der höchsten inneren Not und Unsicherheit, was »richtig« sei, dem Gebot der Erwachsenen zu folgen oder meinen eigenen inneren Vorstellungen nachzugehen, rief ich nach ihr. Wenn sie erschien – sie war dann rabenschwarz und größer als ein Ball –, war ich erstarrt vor Furcht und Glück und gerettet. Nichts konnte mich dann mehr davon abbringen, daß meine Haltung stimmte. Keine Strafe, keine Versprechungen, nichts.

Die beiden Riten verloren sich in der Pubertät – weder konnte ich mehr »nach Hause« gehen, soviel ich mich auch mühte, noch konnte ich die Spinne um ihr Erscheinen bitten, weder mit noch ohne die Hilfe des lieben Gottes, der ohnedies immer fragwürdiger zu werden drohte. Was mich nicht verließ, war ein tiefes Vertrauen in den Faden, wie ich es nannte. Der Faden führte mich. Ich wußte nicht, wohin, ich wußte nur, daß es einen Sinn gab in diesem Weg und daß ich ihn gehen wollte. Tief innen verursachte dies Wissen ein Gefühl der Dankbarkeit und der Demut, denn es schien mir, daß ich den Faden nicht verdient hatte. Äußerlich war ich manchmal hochmütig in dem Gefühl, mich nicht der Mittelmäßigkeit und der Sinnlosigkeit ergeben zu müssen.

Während meiner Jungmädchenjahre hatte ich das Glück, einer weisen Freundin zu begegnen. Sie war Slawistikprofessorin, vierzig Jahre älter als ich und meine erste Lehrerin, die mir die Welt zeigte, die mich ins Theater und in Konzerte mitnahm, die mir ein Vorbild war in ihrer Unabhängigkeit von Tages- und Männermeinungen und Moden. Sie war im Wien der Jahrhundertwende aufgewachsen, hatte in Prag und in Berlin gelebt, hatte ein Buch über Katharina die Große geschrieben und einen Roman über vier Jahrhunderte russischer Geschichte verfaßt. Sie rauchte wie ein Schlot, trank kannenweise Kaffee und jeden Abend mindestens einen halben Liter Rotwein. Sie trat grundsätzlich und zu allen Jahreszeiten mit einem langen schwarzen Handschuh auf (den anderen hatte sie meist nach kurzer Zeit verlegt und hatte deshalb eine eigene Mode daraus gemacht, immer nur einen langen Handschuh zu tragen).

Ich liebte sie mit der glühenden, verehrenden Liebe eines jungen Mädchens, das sich verstanden, protegiert und wiedergeliebt fühlte. Ich folgte ihr mit großen Augen in die Staatsbibliothek, in Galerien und Ausstellungen, in ihre Wohnung, die in einem wunderschönen Jugendstil eingerichtet war. Sie schüttelte den Kopf über meine Halbgebildetheit und lachte oft darüber, daß ich, wie sie fand, dort zur Schule gegangen wäre, wo sich Füchse und Hasen gute Nacht sagen. Sie nannte mich »Kastanienbäumchen« wegen meiner Augen und der Frische, die ich, wie sie sagte, in ihr Leben brachte. Die Schule, auf der ich wohl gewesen sein mußte, nannte sie Baumschule. Nie waren ihre Belehrungen oder dies Kopfschütteln auf eine Weise vorgebracht, daß ich mich gedemütigt fühlen mußte. Aber sie stachelten mich an, alles zu lernen, was es in dieser Kultur zum Lernen gab. Ich tippte ihre Manuskripte schlecht und recht, besuchte einen Schauspiellehrer, bei dem ich die ersten Schritte unternahm, um auf die »Bretter, die die Welt bedeuten« zu gelangen.

Heute weiß ich, daß mein Wunsch, Schauspielerin zu werden, aus mindestens zwei Impulsen gespeist war, wobei der erste hieß: Ich will alles sein! Der zweite war der instinktive Versuch, vorgegebenen weiblichen Rollen zu entkommen. Als Künstlerin würde ich mir mehr erlauben können denn als Stenotypistin. Es würde mir zugestanden werden, daß ich mich um ein Werk kümmern konnte und nicht nur um Mann und Kinder und Küche sorgen müßte.

Seit meinen Kindertagen begleitete mich die Freundschaft und Zuneigung eines Nachbarjungen, und die Sicherheit, die er mir vermittelte, daß alle Verrücktheit, alle Freiheit, alle Unkonventionalität, die ich mir nahm, ihn nicht hinderten, zu mir zu stehen. Das hat später auch dazu geführt, daß er der Vater meines Sohnes wurde.

Ich riß von zu Hause aus, wohnte in einem wunderschönen Zimmer, genoß die Freiheit, keine/keinen fragen zu müssen; wohin ich ging, woher ich kam, entschied ich selbst. Ich war schlampig auf eine heute mir kaum noch vorstellbare Weise. Ich versuchte mich in der Sexualität mit Männern und fand das Ergebnis lächerlich. Ich liebte meine Freundinnen und kam nicht auf die Idee, diese Liebe auch körperlich auszudrücken, zu sehr war ich im gängigen Modell der Welt gefangen. Ich ging nach Paris, zuerst als Au-pair-Mädchen, dann als Sängerin in einer kleinen Kneipe, selbstverständlich im Quartier latin.

Mit zwanzig war ich schwanger und hatte meinen ersten wirklich interessanten Theatervertrag. Ich hatte immer das Gefühl gehabt, daß mir kein Mann ein Kind machen könnte, wenn ich es nicht wollte, und so empfand ich mich in einem inneren Zwiespalt, den ich offensichtlich selbst hervorgerufen hatte. In mir war die Gewißheit, daß ich auf einer mir unbekannten Ebene meines Wesens JA gesagt haben mußte zu dieser Schwangerschaft. Eine erstaunliche Wahrnehmung für mich. Ich fühlte mich unfähig, NEIN zu sagen, so, als würde ich ein einmal gesagtes Wort zurücknehmen. Drei Monate lang war ich mit diesem Phänomen beschäftigt, schwankte hin und her zwischen meiner Theaterlaufbahn und diesem JA in meinem Körper, das sich nicht tilgen lassen wollte. Dann sagte ich auf einer bewußten Ebene JA zu diesem Kind und hatte von da an keinerlei Schwangerschaftsbeschwerden mehr. Für eine uneheliche Mutter ging es mir glänzend. Ich wußte nicht, wie ich es bewerkstelligen sollte, diesem Kind eine gute Mutter zu sein, in dem Sinne, wie mir rundum vermittelt wurde, was eine gute Mutter zu sein hat. Aber ich fühlte mich in Übereinkunft mit diesem Wesen, so daß ich um seinet/ihretwillen nicht meinen Weg, meine Integrität und meine Freiheit aufgeben mußte.

Die Geburt barg neue Überraschungen. Ich brauchte für eine durchschnittlich normale Erstgebärende unendlich lange, sechsunddreißig Stunden. Es schien mir angemessen. Ich bewegte mich in Wellen, so als läge ich an einem Strand und würde von Zeit zu Zeit von warmem Wasser überspült werden. Während der Zeit entbanden in den Nachbarräumen andere Frauen. Wenn ich sie schreien hörte, dachte ich: »Wann kommt das bei mir?« Dies Schreien erinnerte mich an etwas, was mir noch bevorstand. Aber dann gab ich mich wieder diesen Wellen hin, die immer schneller kamen und mir nicht erlaubten, irgendwo andershin zu fühlen und zu denken als in diesen Rhythmus, weil ich sonst das Gefühl hatte, in ihnen zu ertrinken. Nach Stunden kam ein Arzt, um mir eine wehenfördernde Spritze zu geben, die ich nicht wollte. Ich hatte keine Zeit, mit ihm zu diskutieren. Also rammte ich ihm meinen Ellenbogen in die Magengrube, als er sich anschickte, mir die Segnungen seiner Medizin zuteil werden zu lassen. Von da ab hatte ich Ruhe und konnte meinem und des Kindes Rhythmus nachgehen, ohne daß – außer der Hebamme – irgend jemand nach mir sah.

Was ich dann erlebte, habe ich jahrelang für mich behalten, einfach weil ich dachte, pervers zu sein und Schmerz (den ich doch hätte haben müssen) nicht als Schmerz zu erkennen, sondern als Lust zu empfinden. Das war sonst nicht meine Art. Ich hatte aber noch nie gehört, daß Geburten ekstatisch lustvoll sein und ein unendliches Glücksgefühl hervorrufen können. Also erzählte ich nichts, bis ich in den ersten Jahren der Frauenbewegung in meiner Selbsterfahrungsgruppe zögernd die Geschichte der Geburt meines Sohnes von mir gab.

Ich spielte Theater und hatte das Kind. Hörte mit dem Theater auf und begann, mein Abitur nachzumachen. Ich heiratete Olivers Vater – damals selbstverständlich nur aus finanziellen und praktischen Gründen. Ich stürzte mich in die Münchener Aktivitäten der Achtundsechziger-Revolte, obwohl ich als Millionärsgattin sehr anrüchig war. Ich las Marx und Engels mit halbem Herzen, Wilhelm Reich einerseits mit ganzem Herzen und andererseits mit Groll, wenn er über Frauen sprach. Ich war hin und her gerissen zwischen den politischen Gruppen, in denen ich nichts fand, was mich wirklich entzündet hätte, und meinen

Freundinnen und Freunden aus der Münchner Schickeria, die in unserem Haus verkehrten. Ich stürzte mich auf die Aufgabe, einen antiautoritären Kindergarten mit ins Leben zu rufen. Aber ich gehörte weder dahin noch dorthin, war nirgends zu Hause, immer der »bunte Vogel«, der gemocht und geduldet wurde.

Eines Abends in einer italienischen Kneipe erzählte eine Journalistin von einer Frauengruppe, über die sie berichten wollte, und fragte mich, ob ich nicht Lust hätte, mitzugehen. Denn zu ihrer Überraschung hatte sie mehr Beklemmungen, in diesen reinen Frauenkreis zu gehen, als einen weltberühmten Professor bei einem Kongreß zu interviewen. Ich sagte neugierig zu.

Manchmal gibt es Blitzlichter im Leben, und mein erstes Treffen mit Frauen aus der Frauenbewegung war ein solches Licht. Von da an gehörte ich irgendwo dazu. Bei allem Chaos, bei allem Dilettantismus, bei aller Anstrengung und allen Auf-und-ab-Bewegungen. Dies war mein Pflaster, hier war ich existentiell angesprochen. Hier schien es mir der Mühe wert zu sein, gemeinsam zu lernen, was wir eigentlich wollten, gemeinsam politisch zu agieren und zu formulieren, worum es ging, gemeinsam herauszuarbeiten, was wir wußten.

Es ging um meine Existenz, um unsere Möglichkeit der Einflußnahme und des inneren und äußeren Wachstums von Frauen. Nichts, was wir taten oder besprachen, nichts, worüber wir lachten und weinten, war jenseits von uns. Wir hatten aufgehört, für Black Panther, Arbeiter und sonstige Menschen zu kämpfen. Wir versuchten uns im Formulieren unserer eigenen Anliegen, unserer eigenen Unterdrückung, unserer eigenen Wut, unserer eigenen Fähigkeit zur Weltveränderung.

In diese Zeit fiel meine Trennung von meinem reichen Mann. Ich zog in eine Wohngemeinschaft. Allerdings wieder in einen Atriumbungalow mit Swimming-pool, zusammen mit einem Architekten und seinen zwei Söhnen, einem Fahrlehrer, einer getrennt lebenden Freundin mit drei Kindern und meinem Sohn. Eigentlich hatte ich von vornherein gewußt, daß es nicht gutgehen würde. Ich hatte mit dem Architekten das, was man eine Liebesbeziehung nennt, am Anfang hingerissen von der

Aussicht, daß wir gleichberechtigt seien: Gleichheit, Freiheit und Geschwisterlichkeit stand auf unserer Fahne und natürlich Liebe, um derentwillen ich dann versuchte, Mutter, Geliebte und faszinierende Freundin zu sein – gegen das eigene Wissen und Gewissen.

Jahre später fragte ich mich manchmal, ob es nicht eine Zumutung sei, Männer von Dingen überzeugen zu wollen, die für Frauen lebensnotwendig sind. Ich weiß heute noch nicht, ob ich, als Mann in dieser Gesellschaft inkarniert, in der Lage wäre, meine Privilegien aus der Hand zu geben und mehr zu tun, als Wohlwollen zu zeigen. Kein Weißer wird je, auch bei noch so großer Anstrengung, schwarz werden; kein Mann wird je eine Frau werden und wissen, was es bedeutet. Ich ging weg, nicht, weil er ein besonderer Chauvinist war oder nicht versucht hätte, so gut es eben ging, mir zuzuhören. Ich ging, weil die Grenze der Geschlechter zwischen uns durch nichts zu überbrücken war. Bevor ich ging, wurde ich schwanger und blieb bis nach der Geburt meiner Tochter in dem Haus. Ich hatte meine ersten Selbstuntersuchungsgruppen erlebt, hatte mir aufgrund meiner ersten Geburt geschworen, für Hausgeburten einzutreten, und ließ mich nicht entmutigen, für Miriams Geburt gegen alle medizinischen und moralischen Argumente eine Hebamme zu finden, die mit mir zu Hause dieses Kind begrüßen würde.

Die Erfahrung meiner Geburten prägten mein Medizinstudium und meine Arbeit im Frauengesundheitszentrum München. Der Bannspruch des Alten Testamentes »Du sollst in Schmerzen gebären« war es, der meinen heiligen Zorn heraufbeschwor. Ich richtete gemeinsam mit anderen Frauen eine Beratungsstelle ein, lernte Kräuter anstelle von Muskelsedativa während der Geburt einzusetzen; lernte Stellungen zu verändern, anstatt Saugglocken zu nehmen und Kaiserschnitte zu machen; lernte, was Gebären inmitten von massierenden Frauen, die eine singend, die andere mitatmend, bedeuten kann. Wir setzten Kliniken unter Druck, Muter-Kind-Zimmer einzurichten, Dammschnitte zu unterlassen und statt dessen den Hebammen die alten Griffe wieder beizubringen, die Dammschnitte in den meisten Fällen überflüssig machen. Ich lernte absaugen, um im Gesundheitszentrum auch Abtreibungen durchführen zu können – und konnte es doch nicht tun.

Etwas an diesen Methoden war für mich persönlich so entwürdigend und Ohnmacht erzeugend, daß mir immer wieder schlecht wurde. Also blieb ich bei meiner geburtshelferischen Aufgabe und dabei, Frauen zu beraten, wenn ihre Gynäkologen ihnen zu einer Operation geraten hatten, wegen einer Zyste, wegen Krebs, wegen einer Muttermundentzündung usw. Ich lernte ganz behutsam, daß, neben der Faszination, die Frauen für mich in ihrer Gefühlsbreite hatten, auch mein Körper neugierig war auf diese Möglichkeit, mir selbst im Spiegelbild zu begegnen. Meine Konditionierung auf das, was Adrienne Rich »Zwangsheterosexualität« nennt, war fast perfekt, und meine Angst vor Berührung war nicht zu übersehen, obwohl ich das früher nicht so wahrgenommen hatte.

Es war ein langer Weg, mich und andere Frauen überhaupt wirklich bis in die letzte Pore ernst zu nehmen, interessant und begehrenswert finden zu können und nicht doch heimlich Männergespräche/Männermeinungen vorzuziehen.

Die Entdeckung meines Lesbischseins fiel für mich zeitlich fast genau mit der Entdeckung weiblicher Spiritualität zusammen. Wir hatten im Frauengesundheitszentrum nicht nur Hausgeburten und ihre Vorbereitungen betreut, sondern auch unterschiedlichste Psychotherapieformen untersucht. Von keiner waren wir wirklich überzeugt. Im Frauenoffensive-Verlag war Susanne Kahn-Ackermann gerade damit beschäftigt, ein Buch der Amerikanerin Barbara Starrett zu übersetzen. Es heißt: »Ich träume weiblich«[1]. Die Autorin bot in Amerika Workshops mit dem Titel »feministisch-esoterische Therapie« an. Die Frauen der Frauenoffensive luden Barbara nach München ein, und wir nahmen zu dritt an dem fünftägigen Workshop teil. Es war nicht wie heute, wo jede, die etwas auf sich hält, weiß, was Trancen

[1] Anmerkungen s. S. 211

sind, was esoterisch ist usw. Wir wußten nichts. Der Titel sagte uns nichts. Wir wußten nur, daß neben all den Therapieformen, die wir erprobt hatten, eine feministische Therapie eine Kostprobe wert sein sollte. Diese Kostprobe hat mein Leben ebenso radikal verändert, wie die Begegnung mit der Frauenbewegung und die Begegnung mit den ersten lesbischen Frauen es verändert haben.

Ich drang während der fünf Tage in Ebenen vor, in denen mein Faden schwang und zu singen begann. Ich fand Ausblicke auf eine politische Aktivität, die mehr war als nein sagen und Forderungen innerhalb einer Kultur aufstellen, die allenfalls reformativen Charakter haben würden. Ich spürte ein komplexes Potential an Kraft in uns allen angesprochen, das bis dahin überhaupt nicht zur Kenntnis genommen worden war, auch von uns selbst nicht, allenfalls als unzusammenhängende Bilder oder Intuitionen, die uns mehr beängstigten als bekräftigten, weil ihnen der Zusammenhang fehlte. Ich verließ die Universität, die Klinik, die Stadt. Mein Sohn hatte sich ein halbes Jahr zuvor mit meiner Zustimmung entschieden, zu seinem Vater zurückzugehen. Wir haben bis heute ein Verhältnis, das ich mit Würde und Achtung bezeichnen kann.

Ich ging nach Niederbayern; Landflucht und Nabelschau nannten meine Mitstreiterinnen in München das damals, aber ich wußte, daß es das nicht war. Gemeinsam mit meiner damaligen Geliebten begann ich Workshops zu geben. Zuerst gaben wir in aller Naivität weiter, was uns selbst an Barbaras Arbeit so fasziniert hatte. Bald wurde das Programm komplexer und wir weniger naiv. In Köln waren die ersten Hefte der Z. Budapest aufgetaucht. Frauen kamen zu uns, die sich zaghaft mit deren vorgezeichneten Ritualen beschäftigten. In Wales gab es bald ein Haus, in das Frauen auf ihrer spirituellen Suche kommen konnten – und manchmal für Monate blieben.

Vorerst zockelte ich mit meinem geliebten VW-Bus, Miriam und einer jungen Frau, die sich während der Workshops um das kleine Mädchen kümmerte, durch die Bundesrepublik bis hinauf nach Schleswig-Holstein. Immer auf Einladung von Frauen, die aus den merkwürdigsten Zufällen von uns und unserer Arbeit gehört hatten.

In dieser Zeit baten die Frauen eines der ersten Landlesbenprojekte meine Freundin um einen Workshop, weil ihnen klargeworden war, daß neben dem, was wir alle bis dahin als politische Arbeit bezeichnet hatten, und ihrer Auseinandersetzung mit dem Land noch eine Ebene fehlte, die sie sich erschließen wollten.

Langsam wurde mir klar, daß der Gang aufs Land für mich keine Flucht oder Nabelschau war. Ich hatte das Bedürfnis, uns einen Freiraum zu schaffen, der uns erlaubte, uns selbst zu betrachten. Einen Boden zu ebnen, auf dem nicht immer wieder dieselben Pflanzen heranwüchsen, weil sie auf eine bestimmte Weise gedüngt (sprich sozialisiert) wurden. Ich brauchte Raum, der nicht täglich irritiert wurde und in dem es möglich sein sollte, unsere eigenen patriarchalischen Konditionierungen zu durchleuchten, ohne gleichzeitig den täglichen Kraftaufwand des Dagegenseins zu leisten, und dem politisch dringend notwendigen Luxus nachzugehen, überhaupt herauszufinden, was wir wirklich wollten. Nicht nur unsere Gehirne ein wenig zu reparieren, wie in einem Genesungswerk, das uns wieder dorthin zurück entläßt, wo wir erneut der Gehirnwäsche unterzogen werden. Es war eine Frage der realen Einschätzung unserer Energieökonomie, die uns dazu veranlaßte zu beschließen, statt täglicher Auseinandersetzung uns diese Ruhe zu nehmen.

Es ist schwer zu vermitteln, was für ein lebendiges und befruchtendes Klima in diesem Haus an der Grenze, wie ich es oft innerlich nannte, zustande kam. Jedenfalls war es anziehend genug, daß viele Frauen, ohne daß wir je Reklame für uns und unsere Workshops machten, zu uns kamen. Sie wollten lernen, miteinander weiter als bis zum Horizont der fünf Sinne und dem daraus erfahrenen Blickwinkel von Politik, Macht und Wirklichkeit zu sehen. Für die ländlichen Bewohner im Umkreis waren wir die »gspinnerten Weiber von Marastorf«, einem winzigen niederbayerischen Flecken von acht Höfen.

Neben der Arbeit zu Haus unternahmen wir Reisen. Die erste

Reise ging nach Malta, angelockt von zwei Freundinnen, die dort bereits drei Monate lang die Tempel und Terrakottafiguren studiert und begriffen hatten. Meine kleine Tochter, meine Geliebte, zwei andere Frauen und ich fuhren dorthin. Es war eine touristisch kurze Woche – und dennoch: Ich stand das erste Mal in einem Tempel, der wie ein weiblicher Körper gebaut war, weibliche Figuren beherbergt hatte, eine Kraft ausstrahlte, die mir in meinem Körper vertraut war. Ein Tempel, den ich begreifen, ertasten, erfassen konnte mit allen Sinnen, nicht fremd wie so viele Tempel Griechenlands oder Italiens, die ich bis dahin besichtigt hatte. Einfach nicht fremd...

Miriam, die damals drei Jahre alt war, spielte unter dem Altarstein, als wäre sie zu Hause, und wir spiegelten uns in ihr. Hatten Picknickkörbe mit, saßen malend, beratend, einander aufmerksam machend im Tempel: zu Hause.

Wir begannen, eigene Geschichte zu haben. Wir waren Frauen, die Geschichte woben, erinnerten und in diesen Tempeln begriffen, weil sie so nah, so fest und so handgreiflich war. Im Museum in Valetta lachten wir Tränen vor den Vitrinen, in denen geschrieben stand, daß Priester auf dieser Insel geheilt hätten und daß all die vielen, vielen weiblichen Figuren Votivgaben waren von Frauen, die z. B. einen Gebärmutterhalstumor gehabt hätten. Eines der Schildchen verwies auf eine der schönsten Figuren, ein etwa 5 cm hohes Terrakottafigürchen. Kopf, Arme und Beine waren wie ein Fünfstern nur angedeutet; der Rumpf bzw. Bauch war ein vorgewölbter Gebärmutterrund. Keine dieser vielen »Votivgaben« zeigte Anzeichen von gewünschten Heilungsprozessen. Die einzige Figur unter vielen Hunderten, die als »Priester« bezeichnet wurde, war eine schöne Figur von etwa 25 cm Höhe, der ganz deutlich die Brüste abgeschlagen worden waren. Eine Blindheit der Archäologen, wie wir und Fachfrauen sie immer und immer wieder erleben, so blind oder was sonst, daß eine nur schallend lachen oder aber vor Zorn wütend werden kann.

Unsere nächste Fahrt führte uns zu den Höhlen rund um Lascaux mit Ritzungen und Zeichnungen aus prähistorischen Zeiten. Wir zeichneten sie ab und studierten sie und bildeten uns unsere eigenen Meinungen; jenseits vom legendären Jägerkult. Es waren Hände an den Wänden, von denen sogar Archäologen zugaben, daß es nur Frauenhände sein können; Vulvadarstellungen; schwangere Tiere mit Pfeilen im Körper, die, wie uns erklärt wurde, zum kultischen Jägerlatein gehörten. Wir stellten fest, daß die Pfeile an höchst ungeschickten Stellen waren, wenn man es darauf anlegt, ein Tier zu töten, dafür aber an sehr prägnanten Stellen, wenn man den Energiemeridianen nachgeht. Vor allem die schwangeren Tiere hatten Pfeile in ihren Körpern an Stellen, die zum Töten vollkommen aberwitzig waren. Wenn man diese Pfeile als Hinweise auf Energiemeridianpunkte nahm, um die Tiere z. B. geburtshelferisch zu unterstützen, waren es sinnvolle Punkte. Wir kamen auf diese Vermutung, weil wir in Malta bereits schwangere Frauenfigürchen gesehen hatten, bei denen an den Meridianen entlang kleine Steinchen eingelegt waren. Als wir dann in unserer Schwangerenvorbereitung diese Punkte ausprobierten, trat die schmerzlindernde und atemfördernde Wirkung schnell zutage.

Von Frankreich aus nahmen wir einen alten Initiationsweg aus vorchristlicher, wahrscheinlich sogar vorkeltischer Zeit über die Pyrenäen bis nach Galicien. Wir wollten erproben, wie es geht, frei und ohne Besitzansprüche miteinander umzugehen; ergründen, was jede an Kraft und Potential auch da hat, wo sie sich selbst für »ver-rückt« hält. Wir wollten unseren Intuitionen nachgehen, unsere Geschichte in Trancen weiter zurückverfolgen und unsere Visionen von lebens- und liebenswerter Kultur weiterspinnen. Sechs Wochen wie ein Geschenk der großen Göttin, wie eine Zeit im »Paradies«, wo uns alles zufloß; wo wir so miteinander lebten, daß wir manchmal in der Hitze am Strand wohlig seufzend meinten, angekommen zu sein. Es war ein Durchblick zu unserer eigenen Vision, die greifbar nah rückte und auf dem Rückweg in tausend Splitter zerschellte, um neu und bewußt erobert zu werden, Stück für Stück. Was blieb von der Reise, war eine tiefe Gewißheit, daß wir mehr Sinne haben, als wir normalerweise nutzen, daß Steine, Höhlen und Meer

Wissen tragen und übertragen hatten. Wissen, das wir nun in uns hatten und das uns zum Zusammensetzen der gewonnenen Bruchstücke aufforderte.

In dieser Zeit machte ich auch die wichtige Erfahrung, daß ein alter Weg wirkende Kraft besitzt. Ich kann diese Kraft spüren, die Veränderung, die mit mir vorgeht, ohne daß ich mich ihr entziehen könnte, aber auch ohne daß ich ungeheuer dafür »arbeiten« müßte. Der Weg und der Entschluß, ihn zu wandern, beinhalten Veränderung, Sammlung von Wissen und Anknüpfung an ein gesammeltes Wissen über lange Zeiten. Ich erkannte das Gesetz, daß es eine Sache der Wahrnehmung und der Zeit ist, ob dies Wissen unbewußt bleibt oder in das Bewußtsein vordringen kann. Diese alten Wege hatten mich schon lange fasziniert. Immer wieder war ich irgendwo und irgendwie auf sie gestoßen – in den Geschichten der Templer und bei den keltischen Druiden, immer wieder hatte ich Hinweise erhalten. In einem lange zurückliegenden Urlaub in den französischen Pyrenäen hatte mir eine alte Frau gesagt: »Du wirst den Weg der Sternenorte ziehen.« Ich hatte mich damals sehr vor ihr erschreckt, weil etwas so Bedeutungsvolles und Endgültiges in ihrer Stimme gelegen hatte, ich aber jung und unbeschwert sein wollte und von Vorahnungen und zwingenden Wegen zu dieser Zeit nichts wissen wollte. Heute sind Wege, Höhlen, Steine, Bäume meine Schwestern geworden, mit denen ich nicht anders in Kontakt gehe, als ich es innerlich mit einer Geliebten erlebe – wir berühren einander, und für immer ist eine Verbindung geknüpft, selbst wenn wir einander nie wiedersehen.

Die nächsten Wege führten nach Cornwall zu den alten Megalithmonumenten, Steinkreisen, einzelnen Standing Stones, Quoits, Fougues. Cornwall, dieser südlichste Zipfel Großbritanniens, ist ein tiefes Stück innerer Heimat für mich geworden. Sieben Monate brachten wir damit zu, tagelang bei den uralten Steinkreisen zu verweilen, ihnen zuzuhören, ihre Schwingungen aufzunehmen, Bilder aufsteigen zu lassen, tief im eigenen Körper eine Resonanz der Schwingungen zu hören.

Auf Tresco, einer der vorgelagerten Inseln, kamen mir viele

kleine Vögel so nah, daß ich keinen Schritt weitergehen konnte. Ein Rotkehlchen setzte sich mir auf die Hand. Von da an, wo immer ich wanderte, begleitete mich eines von ihnen. Wir malten, schrieben an Büchern, studierten das Tarot und Astrologie. Ich empfand diese Zeit als unglaublichen Luxus. Wir versuchten unseren Alltag, unsere Beziehungsfähigkeit und die Strukturen, die es da zu durchbrechen gab, auf Energiegesetze hin zu überprüfen, die wir in den Elementen wiederfanden.

Wir hatten uns Geld geliehen und lebten auf eine unglaublich sparsame Weise zu viert von ganzen sechs Pfund in der Woche. Das hieß, auf Käse und Joghurt zu verzichten, bedeutete, am Donnerstag ganz früh auf dem Markt möglichst günstig Äpfel und Kraut einzukaufen, das dann in endlosen Variationen mit selbst nachgelesenen Kartoffeln gekocht wurde. Wir hatten uns aus Deutschland unser eingemachtes Obst mitgenommen, das heißt, samstags wurde ein Glas süßer Kirschen aufgemacht und unter Gekicher und Kirschkerngespucke verspeist. Manchmal lud uns eine Freundin, die einige Monate in unserer unmittelbaren Nähe wohnte, zum berühmten Cornish Tea ein – wunderbarer Schwarztee, warme Scones mit Himbeermarmelade und dickstem Cornish Clotted-cream. Nie hätte ich gedacht, daß es mir so schwerfallen würde, ein Land zu verlassen, als nach den Monaten dort. Und dennoch wußten wir alle, daß wir zurück mußten, zurück in die Zusammenhänge der Frauenbewegung, zurück in den Komposthaufen Deutschland. Die letzten vierzehn Tage wanderte ich den Küstenpfad am Atlantik entlang und dachte verzweifelt, daß ich hierbleiben wollte. Meine Tochter könnte hier in die Schule gehen. Das Meer, dieses Land und diese Steine waren mein Zuhause. Und doch wußte ich, daß es so nicht stimmte, daß ich zurück mußte/wollte und sollte. Ich tröstete mich damit, daß ich immer wieder hierherfahren könnte – und das tue ich auch. Spätestens jedes zweite Jahr werde ich unruhig, und es zieht mich unaufhaltsam dorthin.

In all den Jahren wurde das Gemeinsamleben und Ideenspinnen, die Liebe und die existentielle Verbundenheit mit Frauen selbstverständlich, ohne daß es eine Gewohnheit geworden wäre, die keiner Pflege mehr bedürfte.

In dem großen Netz von Aufgaben, diese Erde behutsam und heilsam über die neue Runde der Verwandlung zu begleiten, besteht meine Aufgabe darin, in der Gemeinschaft von Frauen Erinnerung an unsere wirksame Kraft zu finden und diese Erinnerung weiterzugeben; ein verschüttetes und totgesagtes Erbe zu beleben und zu helfen, daß es sich auch in anderen Frauen beleben kann. Gleichzeitig arbeite ich daran, die Verleugnung der eigenen Kraft von Frauen wahrzunehmen und bewußtzumachen. Robin Morgan hat in ihrem Buch »Anatomie der Freiheit«[2] eine Parabel geschrieben, die dazu sehr gut paßt. Ich habe das Bedürfnis, diese Geschichte, mit Erlaubnis des Frauenoffensive-Verlages, hier abzudrucken, weil sie eindrucksvoll zeigt, was ich meine, wenn ich sage, daß Frauen überhaupt erst einmal ihre eigenen Talente und Kräfte wahrnehmen müssen in einer Gesellschaftsstruktur, die diese leugnet, verunglimpft oder anstößig findet. Und nicht nur die Gesellschaft »draußen« leugnet unsere wirksame Kraft. Wir selbst haben längst diese verheerende Voreingenommenheit angenommen. Hier ist der Text:

»Wie können wir, solange MANN gleich menschlich, FRAU jedoch Nicht-Mann (und deshalb nicht-menschlich) ist, überhaupt auch nur etwas so vergleichsweise Einfaches erfinden wie Freiheit? Eine so grundsätzliche Aufgabe wie Sich-Freiheit-Vorstellen würde immerhin die Energie aller lebenden Zellen, die uns allen miteinander zur Verfügung stehen, erfordern – doch mehr als der Hälfte unserer Spezies war es nicht gestattet, sich dieser Aufgabe auch nur zu nähern.

Stellt euch beispielsweise einen Raum vor, der keinen Ausgang zu haben scheint. In diesem Raum sind zwölf Männer. Sieben dieser Männer haben die anderen fünf zunächst einmal – irgendwie – in diesen Raum geführt, doch die fünf haben vergessen, wie sie dort hineingekommen sind. Jetzt wird es in dem Raum heißer und immer heißer, Rauch kräuselt durch kleine Ritzen in den Wänden. Der Raum scheint keine Türen oder Fenster, kein Oberlicht und keine Falltür zu haben. Den fünf Männern, die später in den Raum kamen, wird klar, daß sie alle verbrennen können. Sie reagieren, indem sie wütend auf die sieben werden, die sie in diese Situation gebracht haben. Ihre Wut ist so groß, daß sie sich sogar weigern, mit den sieben über Möglichkeiten, dort herauszukommen, zu beratschlagen, obgleich auf der Hand liegt, daß ihre sieben Führer ja offensichtlich wußten, wie man in den Raum hineinkommt, und daher – logischerweise – auch einen Ausgang kennen, versteckt hinter einer Täfelung vielleicht, oder eine Tricktür, die dem von Panik erfüllten Blick entgeht. Vielleicht wissen die sieben, daß die Wände selbst Illusion sind. Doch die fünf weigern sich nicht nur, sich mit den sieben zu beraten, sie wollen auch nicht auf sie hören, als diese versuchen, ihnen durch die immer dichter werdenden Rauchwolken zuzuschreien, daß es einen Ausweg *gibt*. Mal abgesehen von der Vernunft, von der Frage der Schuldzuweisung, sogar von ihrer wachsenden Angst – man sollte meinen, die fünf müßten nun begreifen, daß in dieser so ernsten Situation alle zwölf anwesenden Hirne notwendig sind, um gemeinsam an einer Lösung zu arbeiten. Einem der fünf könnte der Gedanke kommen, daß, wenn er und seine vier Kollegen mit den sieben nichts zu tun haben wollen (die ja immerhin das Terrain gut genug kannten, um sie alle dorthin zu bringen), die sieben vielleicht sogar, voller Abscheu, einen Ausweg ohne die fünf finden würden – obgleich dies von dem einen von fünf vielleicht doch zu viel verlangt ist; das würde nämlich inmitten von Angst ein Quentchen Einsicht, ja sogar Bescheidenheit erfordern – und Angst ist eigentlich eher eine Brutstätte für dogmatischen Stolz.

Uns (in der Sicherheit außerhalb des brennenden Raumes) ist klar, daß die absichtliche Taubheit und der Zorn der fünf selbstmörderisch ist. Uns ist ebenfalls klar, daß die sieben entweder irgendwie zu den fünfen durchdringen und alle retten oder aber versuchen müssen, sich selbst zu retten, ohne die fünf. Die dritte Möglichkeit – daß auch die sieben, auf Anweisung der fünf, ohne Widerspruch in dem Raum bleiben – erscheint uns wahnsinnig. Warum in aller Welt sollten sie das tun? Wegen fehlgeleiteter Schuldgefühle, weil sie die fünf überhaupt erst dahin gebracht haben? Aus Angst vor dem Zorn der fünf, die so darauf versessen zu sein scheinen, sie für alles verantwortlich zu machen? Aus einer bohrenden Angst, daß sie selbst vielleicht den Ausgang nie kannten oder vergessen haben, wie es die fünf mit Nachdruck behaupten? Dennoch erinnern sich die sieben, daß sie die fünf hierherbrachten, um hier mit ihnen fröhlich zu sein, zu feiern, neue Einsichten zu gewinnen; sie wissen, daß es ein sehr schöner Raum war – wie können sie also glauben, es sei ihre Schuld? Und die sieben wissen, daß ein Bestehen auf Schuldzuweisungen (worauf die fünf so versessen scheinen, daß sie sogar ihr Leben dafür riskieren) unbegründet und dumm ist – warum also sollten sie Angst davor haben? Doch das Wichtigste: Die sieben fühlen, daß sie irgendwie – sei es Erinnerung oder Instinkt oder Intuition oder einfach nur, weil sie den Eigang einstmals kannten – *wirklich* den Ausgang kennen, den Ausweg wissen; wie können sie sich also durch mangelndes Vertrauen in ihre eigene Macht lähmen lassen? Uns (in der Sicherheit außerhalb des brennenden Raumes) scheint die letzte Möglichkeit – die sieben entscheiden sich dafür, ungehört mit den fünfen zugrunde zu gehen – die unwahrscheinlichste. Also bleiben nur die Möglichkeiten, daß die sieben die fünf davon überzeugen können, sie rechtzeitig anzuhören, oder daß sie ohne die fünf den Raum verlassen. Oder: Die sieben bemühen sich zu lange, angehört zu werden, und versäumen so, auf sich selbst zu hören.

Natürlich befinden wir uns nicht in Sicherheit außerhalb des brennenden Raumes. Wir sind mittendrin, der Raum ist unser Planet, und die sieben sind die weibliche, größere Hälfte der Spezies, und die fünf die männliche kleinere Hälfte. Doch ist es zunächst nötig, die Geschichte so zu erzählen, als seien alle handelnden Personen Männer, weil wir dann den echten Wahnsinn unserer gemeinsamen schlimmen Lage deutlicher erkennen. Denn selbst in den achtziger Jahren kann die Wahrheit einer solchen Geschichte, würde sie realistischer mit sieben Frauen und fünf Männern erzählt, noch immer leichter als Gedankenspielerei vom Tisch gewischt werden – das Phantom FRAU behindert die Fabel.

Doch die real existierenden Frauen stellen eine Mehrheit dar. Und die real existierenden Frauen haben bisher die Männer geboren, haben sie in diesem Raum, der die Existenz ist, willkommen geheißen (und sind deshalb oft beschimpft worden). Mehr noch: Immer waren es die Frauen, die sich gegen militärische Lösungen und die arrogante Aufopferung von Leben gesträubt haben; es waren Frauen, die quer durch alle kulturellen und altersmäßigen Unterschiede angesichts der Probleme von Hunger, Krankheit, Ausbeutung natürlicher Quellen, Fürsorge für die Jungen und die Alten und die Sterbenden praktische Nächstenliebe geübt haben. Das Klischee in internationalen Kreisen, »wenn es nach den Frauen ginge, hätten wir schon letzte Woche die einseitige Abrüstung durchgeführt«, ist entlarvend. Diese praktische Nächstenliebe hat weder mystische noch genetische Gründe. Im Gegenteil, sie scheint den Frauen eingedrillt worden zu sein, eingedrillt durch einen alles durchdringenden, versteckten globalen Androzentrismus, ein System, das Frauen als die (machtlosen) Hüter des menschlichen Gewissens braucht. Die Ironie dabei ist, daß wir das auch weiterhin, manchmal sogar zu unserem eigenen Kummer, so praktizieren, vielleicht weil wir auf ambivalente Weise von Liebe besessen sind.

Frauen – die real existierenden, gewöhnlichen Frauen – sehen sich vor einer noch viel schwierigeren Lage als die sieben Männer in dem brennenden Raum. Weil wir nämlich, obgleich wir fühlen, daß wir für uns alle den Ausweg wüßten, den Raum nicht allein verlassen können. Wir können uns nirgendwo hinbewegen, es sei denn, wir tun es alle zusammen. Dies erklärt vielleicht, warum wir seit Jahrhunderten zwischen den Alternativen hin und her schwanken, einerseits die Männer zu überzeugen, daß wir menschlich (wenn auch nicht MANN) sind, und andererseits angesichts von Verantwortung, Schuldgefühlen und Angst, die wir uns haben aufladen lassen, in Schweigen zu verfallen. Der dritte Weg, nämlich ohne sie zu gehen, ist möglicherweise physisch unmöglich, könnte aber vielleicht eine andere Form annehmen: *für uns* dasein, lernen, zu agieren statt lediglich zu reagieren, die Verantwortung für das Leben auf diesem Planeten zu übernehmen, *ohne* die üblichen Schuldgefühle. Dies jedoch dürfte nicht mit FRAU anfangen und noch nicht einmal mit den Frauen.

Es hätte mit *einer* Frau zu beginnen, mit ihrem eigenen Leben. Das würde sie ganz und gar und über die Maßen fordern; sie müßte alles Vertraute hinter sich lassen, müßte bereit sein zu glauben, daß sie den Ausweg weiß und daß das Schicksal allen Lebens von ihr abhängt. Sie müßte bereit sein zu glauben, daß sie in der Lage ist, neue Räume zu schaffen, sogar noch schönere als den, der gerade verbrennt, müßte bereit sein, ihre eigene menschliche Seele zu riskieren, bereit, zu der Tür zu gehen, die man nicht sieht, und bereit, sie aufzureißen.«

Was ich heute dieser einzelnen Frau in Robin Morgans Parabel voraus habe, ist mein Umfeld von gleichgesinnten Frauen. Das heißt, unser Mut potenziert sich – und heißt nicht, daß nicht jede von uns ihren eigenen Mut braucht, um Grenzen zu überspringen, ihre »wilden Talente« handhaben zu lernen, ihren eigenen Weg zu gehen, ihren eigenen Bildern zu folgen. Dennoch ist es erleichternd und bestärkend zu sehen, daß rund um mich andere Frauen denselben integren Mut aufbringen. In den Anfängen unserer Arbeit mit Magie/Spiritualität waren Vergleiche oder Berührungen mit anderen Arten der Magie überhaupt nicht im Blickfeld. Wir waren vollauf damit beschäftigt, uns ganz auf unseren eigenen Weg und die Frage der möglichen Kräftigung von Frauen auszurichten, so daß uns alle anderen Kulturgüter nicht interessierten. Auch ließen wir alle Anregungen aus sogenannten Hochreligionen außer acht, da unser Ansatz nicht der einer magischen Kultur per se war. Unser Interesse war es, uns als Frauen eine Ebene zu öffnen, die uns in unserer eigenen Identität stärken konnte. Wir suchten sie primär in uns selbst, und erst viel später griffen wir Anregungen aus anderen Kulturen auf. Gleichzeitig waren wir auch skeptisch gegenüber den ersten Anfängen von Ritualisierung, wie sie Z. Budapest in ihren kleinen Broschüren anbot. Ich jedenfalls war zu lange auf eine katholische Klosterschule gegangen, um es verführerisch zu finden, einfach ein vorgegebenes Ritual durch ein anderes zu ersetzen, das mir ebensowenig Sinn gab wie die bereits abgelegten katholischen Riten, die mir als Kind wegen des bayerischen Barock noch gefallen hatten, mich aber später weder ergriffen noch beeindruckten. Unser erstes Ritual – nehmen wir diesen Begriff für eine vorher strukturierte und mit einer Idee und einem Ziel ausgestattete Handlung – entstand dann auch sehr spontan aus einem aktuellen Anlaß. Eine von uns war schwer krank geworden. Acht Frauen entwickelten, mit heißen Köpfen und ihrer ganzen Identität, ein Heilungsritual. So ist es auch immer geblieben. Rituale oder Zeremonien werden aus aktuellen Anlässen heraus entwickelt. Sie sind keine sich wiederholenden, vorgegebenen Handlungen, die von einigen entwickelt und allen anderen, die daran teilnehmen, nachgeahmt oder befolgt werden.

Grundsätzlich jedoch gilt, daß jede Zeremonie, jedes Ritual aus dem erwachsen muß, worum es sich aktuell handelt. Es ist also niemals eine Wiederholung eines vorangegangenen, da jede Frau und jeder Beweggrund verschieden sind. So erleben wir auch seit Jahren die Jahreskreisfeste. Auch hier verändern sich die Abläufe je nach den Themen dieses einen Jahres. Dennoch hat jedes dieser Feste eine Grundenergie, die bleibt. In den ersten Jahren waren wir selbst verblüfft, wie mächtig sich ein Thema rhythmisch immer wieder zur selben Zeit bemerkbar machte und eine andere Ebene der Wahrheit dieser Zeit zeigt. Auf diese Weise sind unsere Jahreskreisfeste mit unserem augenblicklichen Alltag verknüpft, nicht aufgehoben davon, sondern integraler Bestandteil, der eine jede deshalb auch um so tiefer berührt, weil sie ihren ganz persönlichen Bezug zu diesem Fest nicht verliert.

Die Sehnsucht nach einer festen Tradition, nach Übereinkünften, also überall identisch gefeierten Zeremonien ist stark. Sie verleitet manchmal zu Kurzschlüssen, von denen wir hier denken, daß sie uns letztendlich nicht bekräftigen. Hierzu gehört auch der Kurzschluß, eine Tradition entwickeln zu wollen, in die sich andere einfügen können. Das wäre ganz gegen jede Vorstellung eines Kollektivs, das aus kreativen Individualitäten besteht. Es würde unserer Vorstellung von identischer weiblicher Kraft gänzlich zuwiderlaufen. Die Diskussionen um solche Traditionen tauchen immer wieder auf, wie in dem verständlichen und einfachen Stoßseufzer: Ich hätte so gern wieder Lieder, die wir alle gemeinsam singen können. Ich denke, es gibt keine, die diesen Wunsch nicht respektieren und begreifen könnte. Aber bis heute haben wir viel mehr Lieder gesungen, die von einer oder mehreren im Augenblick der Zeremonie entwickelt/kreiert werden. Sie verschwinden wieder, weil der Anlaß einmalig ist und nicht wiederkehrt.

Und so ist es mit fast allen Handlungen. Sie sind der augenblicklichen Situation angemessen. Sie entstehen aus der Erfahrung aller vorausgegangenen Rituale, bleiben aber frei, neue Elemente einzufügen, plötzlichen Eingebungen zu folgen, einmalig zu bleiben.

Es ist eine typische Bewegung für mich und die Frauen, mit denen ich in den letzten zehn Jahren zusammengearbeitet habe, daß wir uns frei von jeder anderen Theorie, Bildhaftigkeit, Vorstellung, Vision oder Weltanschauung, langsam und auf kontinuierliche Weise forschend eine eigene Vorstellung von der Welt und ihren Zusammenhängen gemacht haben. Sozusagen als wissenschaftliche Dilettantinnen – wenn wissenschaftlicher Dilettantismus darin besteht, auf keine anderen schriftlichen Quellen zurückzugreifen, sondern nur den eigenen inneren Quellen und Bildern zu vertrauen. Erst als wir unserer eigenen Wahrnehmung einigermaßen sicher waren, Erfahrung gesammelt hatten, die unsere zu Anfang diffusen Wahrheiten bestätigten, griffen wir mit Neugierde und Lust auf Anregungen aus anderen Quellen zurück, lasen Bücher, beschäftigten uns mit anderen Weltanschauungen, forschten in Mythologien und ethnologischen Berichten nach anderen Kulturen.

Mit einigen dieser Frauen verbindet mich seit über vier Jahren ein gemeinsamer Nachname, der in einer Sommersonnwendnacht aus unserer zusammengetragenen Intuition entsprang; ein Clanname, jenseits der Namen von Vätern oder früheren Ehemännern. Es ist eine Zusammengehörigkeit, die sich äußerlich auf diese Weise ausdrückt. Ich gehöre keiner Gruppe an. Wir haben keine Bibel oder eine neue Lehre, die uns verbindet. Wir haben die Gewißheit, gemeinsam an einer Kultur zu arbeiten und sie bereits zu vertreten, die nicht aus dogmatischen Grundsätzen besteht, sondern aus der kreativen, spielerischen Potenz von Frauen schöpft. Unser kleinster gemeinsamer Nenner ist unsere Frauenbezogenheit und die Kalt- und Heißblütigkeit unserer Intention, unseren Platz einzunehmen und unsere Aufgabe zu vollbringen in einem Zeitalter der Wandlung – von einem perfiden, gierigen patriarchalen System zu einer Situation des Aufbruchs.

Wenn ich also »wir« sage, so meine ich damit ein Netz und keine Gruppe. Ich meine damit einen der wahrscheinlich verrücktesten, individuellsten Haufen einzelgängerischer Frauen, die sich nach einem Fluidum »berochen« haben, das schwer zu definieren ist und das uns zu diesem Netz macht. Mit diesen Frauen entwickle ich, verwerfe, kreiere ich neu, spiele, spinne, wage den verrücktesten Gedanken nachzugehen, sie darzustellen, entwerfe Bilder und lasse sie wieder fallen. Mit ihnen habe ich den Ausgang gefunden (wenn wir in Robin Morgans Bild bleiben) und muß ihn täglich neu finden – um das Universum neu zu definieren.

GALAXIE UND WALGESÄNGE

Formen der Wahrheit

Von der politischen Notwendigkeit der Entstehung weiblicher Kult-/Kulturräume heute

Es ist Schmerz, sage ich, wahrzunehmen, daß nirgends ein Weg aufgezeichnet ist für mich – ein Weg zur Wahrheit. Ich habe keine Lehrerin auf diesem Weg. Es ist nicht die Wahrheit, sage ich, die ich anzweifle, auch nicht, daß es viele Wege zu ihr gibt.

Es ist das Verschüttetsein des Weges, der mir gemäß ist, der meinem Körper, meiner Seele und meinem Geist gemäß ist. Ich singe ein Wiegenlied für einen neuen Weg, einen, der nicht davon gezeichnet ist, daß ich durch Härte, durch Opfer, durch Abtrennen, durch Abtöten, durch Schmerz zur Wahrheit finde. Ay, ay, langgezogene Schmerzenslaute. Ich wiege mich, hin und her, hin und her in meiner Schlafhöhle; es ist ein Schmerz, zu sehen, wie all diese Wege aus Härte gegen sich selbst bestehen, aus Schocks, aus Austreibung. Wann werden wir den Fluch abstreifen, daß wir nur in Schmerzen gebären können, in Schmerzen geboren werden und uns in Schmerzen wiedergebären in die Leere der kreativen Wahrheit hinein?

Wann werden wir der Integrität unserer Lust vertrauen, die uns zu uns selbst führt, in den Ursprung des Seins, in die Gewalt der Existenz, die in allen Religionen, mit allen Worten, mit allen Symbolen als die »Wahrheit« bezeichnet wird – und von der irrtümlich gesagt wird, daß es unerheblich ist, auf welche Weise wir sie erreichen.

Ich nehme ein einfaches Beispiel: *Intensität.* Ich kann sie erleben, wenn ich mit einer Frau meine Sexualität teile, gleichberechtigt, freiwillig, in der Offenheit des Sich-gegenseitig-Mitteilens. Ich kann sie erleben unter der Folter, in der Beziehung mit dem Folterer. Beides ist Intensität. Und ist es gleichgültig, auf welchem Weg ich diesen Zustand erreicht habe?

Viele Religionsgründer und -verwalter sagen, daß ihre Vorstellung von der Wahrheit bereits die Wahrheit sei, und lassen diese mit dem Schwert verteidigen. Dies alles sind Formen der Übermacht, und ihre Vertreter sind selbst niemals in Kontakt mit dem Ursprung, der Ausgangspunkt und Ziel jeder Vorstellung ist, in Berührung gekommen. Sonst wäre in ihnen die Ruhe und die Gewißheit, daß sich Wahrheit nicht mit dem Schwert verteidigen, befehlen, erzwingen läßt, daß *Erfahrung von Wahrheit* die größtmögliche Freiheit der Person voraussetzt.

Viele Religionsgründer und -verwalter sagen, daß es gleichgültig ist, wie die Wahrheit, Göttin, Gott, die Leere, das Eine, der Ursprung, die elementare Existenz, um nur einige der Namen zu nennen, die die erfahrene Essenz erhalten hat, gesucht wird. Daß es viele Wege gibt und daß es nur darauf ankommt, diese Erfahrung zu machen, und daß es ohne Belang ist, wie diese Erfahrung gewonnen wird.

Mein Wissen ist, daß es *nicht* gleichgültig ist, daß der Weg und das Ziel untrennbar sind – und daß der Weg von Frauen ein anderer ist als der der Männer.

> So sieh doch, meine Tochter, dich in den
> tausend Farben des Araquin,
> auf daß du dich meiner erinnerst,
> auf daß du meiner gewahr bleibst,
> auf daß dir die Heimkehr gewiß ist.
> Den Stein, meine Tochter, den du mutvoll
> findest, den zu suchen dein Volk begehrt, der hat
> das FEUER, das heißt Zentrum des Alls,
> das WASSER, das heißt lebenspendende Quelle,
> die LUFT, die heißt atmende Mutter,
> die ERDE, die heißt: ich bin, die euch erschafft.
>
> *Zit. aus Marockh Lautenschlag: »Araquin«*[3]

Willkommen, meine Tochter, in einer Welt, in der jede dritte Frau vergewaltigt wird. Willkommen, meine Tochter, in einer Welt, in der kleine Mädchen von ihren Vätern mißbraucht werden. Willkommen, meine Tochter, in einer Welt, in der in vielen Ländern den jungen Frauen die Klitoris herausgerissen wird. Willkommen, meine Tochter, in einer Welt, in der in vielen Tempeln der Vatergötter Männer täglich murmeln, daß sie froh sind, keine Frau zu sein. Willkommen, meine Tochter, in einer Welt, in der du deine Schwestern an Litfaßsäulen nackt siehst, den Appetit von Männern auf ihr Fleisch anzuregen. Willkommen, meine Tochter, in einer Welt, in der du Karriere machen kannst, wenn du zu denken lernst wie Männer. Willkommen, meine Tochter, in einer Welt, in der du als Metapher für die Erde gehandelt wirst, die sie ausbluten, die sie vergewaltigen, die sie zu beherrschen suchen. Willkommen, meine Tochter, in einer Welt, in der du kein Anrecht auf deinen eigenen Körper hast, sondern Gefäß bist für ihre Vorstellungen von Frau. Willkommen, meine Tochter, in einer Welt, in der du kein Anrecht hast auf eigene Benennungen, sondern benannt wirst durch Männer. Willkommen, meine Tochter, in einer Welt, in der du kein Anrecht auf eigene Lust hast, sondern nur auf die Art von Lust, wie sie sie in bezug auf sich selbst formulieren. Willkommen, meine Tochter, in einer Welt, in der sie Millionen von Ahninnen umgebracht haben, weil sie sie fürchteten als Verführerinnen, als Widerspenstige, als solche, die frei waren ohne sie, als solche, die weise waren auf ihre eigene Art, als solche, die über ihren Körper bestimmten, als solche, die ihre Manngötter leugneten, als solche, die einander liebten, als solche, die einander weitergaben, was sie besaßen.

Willkommen, meine Tochter, in einer Welt, in der sie dich brauchen, weil ihre Welt so arm ist, so kalt und grausam, daß sie einen Ort brauchen, an dem du bist – sie wärmend, sie liebend, sie nährend, sie pflegend.

Willkommen, meine Tochter, in dieser Welt.

Bin ich wahnsinnig, dich in sie zu entlassen?

Um eine Unterweisende in der Würde der Menschlichkeit zu sein, muß ich mich auf die Suche nach der Weisheit machen. Ich habe eine Gehirnwäsche über mein halbes Menschsein erhalten. Die Weisheit meines Körpers hat sich in den Lügen verloren, die über ihn erzählt worden sind und werden. Meine Träume sind zerstört worden, bis jeder aufragende Gegenstand in ihnen zu einem Penis interpretiert werden konnte. Meine inneren Bilder sind einem Bildersturm zum Opfer gefallen, bis in mir keine eigenen Bilder mehr waren. Meine Göttinnen sind vergewaltigt und ihre Tempel geschleift worden, bis auf ihren Steinen und ihren Plätzen Kirchen entstanden für Manngötter, die uns nicht neben sich duldeten. Der Rhythmus meines Körpers ist geschmäht worden, bis die ausfließende Kraft zum stinkenden Tabu verkam. Meine Lust ist zur fleischfeindlichen Heiligen und zur ihren Körper preisgebenden Hure verkrüppelt worden. Mein Gehirn ist verworren über die Ausdünstungen von Verachtung und Verklärung. Meine Intelligenz ist zerrüttet bei dem Versuch, ihrer irrationalen Logik zu folgen. Meine Intuition ist in Gestammel abgerutscht. Mein Zorn ist gegen mich gerichtet, und meine Wut ist ein ohnmächtiges Geschrei. Meine Gesetze haben sich in der Flut ihrer Verordnungen gegen mein Leben gerichtet. Wie soll ich meine Tochter lehren, was Menschsein bedeuten mag? Wie soll ich ihr sagen, was wir verloren haben, sie und ich?

Ich kann nichts tun, als all meinen Mut zu nehmen und mich auf den Weg zu machen. Ich erinnere mich langsam. Vielleicht ist das ein Beginn der Genesung der Welt.

* * *

Ein Frühlingsnachmittag. Wir trinken Kaffee. Eine Freundin hat eine Flasche Cointreau mitgebracht. »Kann ich einen Schluck haben?« fragt Ellen und gießt sich ein Glas voll ein. Sie nippt daran und hält es dann nachdenklich ein wenig von sich weg. In dem dickflüssigen Saft läßt ein Sonnenstrahl Farben aufblitzen. »Früher«, sagte sie, »war das mein Lieblingsgetränk. Schon nachmittags, nach der Schule.« Ellen war eine bei Schülerinnen/Schülern und Lehrerinnen/Lehrern allseits beliebte Musiklehrerin. »Ich hab' mich damals nicht als Alkoholikerin gesehen. Schließlich war ich nie sturzbetrunken und niemals im Unterricht.« – »Und warum hast du dann getrunken?« fragt eine unserer naseweisen Töchter. »Ich hätte es nicht sagen können. Ich hätte geschworen, es geht mir gut. Ein Freundeskreis, ein netter Mann, Interesse am Beruf, genug Geld. Wenn eine gesagt hätte, daß es mir nicht gutgeht... Ich weiß nicht; ich hätte sie für verrückt erklärt. Aber irgendwie, an den Nachmittagen... eine Lähmung, eigentlich muß ich es gewußt haben, daß das nichts für mich ist, so zu leben, daß mir was fehlte. Ich erinnere mich, daß ich mich manchmal, natürlich ›im Spaß‹, aus dem Auto stürzen wollte, einfach die Tür zum Beifahrersitz aufmachen und rausfallen lassen. Aber ich hätte es nicht sagen können, nicht vermitteln; hab's ja selber nicht gewußt, was mir fehlte. Mir ging's doch gut. Ich hatte doch alles. So sprachlos war ich damals.« Sie sieht in die Runde. Unsere Gesichter spiegeln ihre eigene Geschichte wider. Ja, so sprachlos waren wir damals. Kai sagt nüchtern: »Und so geht es heute noch Tausenden von Frauen, und wehe, du würdest sagen, daß da vielleicht noch was anderes sein könnte. Dann würde jede von ihnen sagen: Ich weiß nicht, mir geht es doch gut. Du spinnst. Und dann ihr Gläschen trinken.« Ellen kichert. Na, dann prost.

★ ★ ★

Elkes Traum

Ihre Augen bleiben trocken, während sie erzählt, und ihre Stimme hat einen fast metallischen, unbeteiligten Klang. »Ich bin in einem Konzentrationslager. Baracken, glaube ich. Mit mir sind viele Frauen da drin. Wir tragen alle Kittelschürzen und Kopftücher und arbeiten am Fließband, was genau, kann ich nicht sehen. Draußen hören wir die Soldaten kommen, mit ihren SS-Stiefeln. Klack, klack, klack. Sie reißen die Türe auf. Keine/

46

keiner spricht ein Wort. Sie werfen uns einfach auf den Boden und trampeln auf unseren Köpfen herum. Dann gehen sie wieder. Kein Laut außer ihrem Getrampel ist zu hören. Als die Tür sich hinter ihnen geschlossen hat, stehen nach und nach alle Frauen auf. Unsere Gehirne hängen aus den Schädeln. Wir versuchen sie zurückzustopfen. Damit es nicht so auffällt, setzen wir die Kopftücher wieder auf und arbeiten weiter.«

* * *

»Sie sind so groß, es tut so weh.« Das kleine Thaimädchen wimmert. Ihre Vagina ist entzündet, wund und schmerzt. Sie ist eine der Kinderprostituierten, zehn Jahre alt. Sie hat sich in ein Büro der thailändischen Frauenbewegung geflüchtet.
Die Deutschen stoßen vor. Vergnügungsflug nach Thailand zu zehnjährigen Mädchen, die mit der Prostitution ihre Familie ernähren.
Ich wiege sie sanft in meinen Armen, sie wimmert. Ich habe einen Kloß im Hals. Ich würge. Und wiege sie sanft weiter in meinen Armen. Kleine Schwester, kleine Schwester.

* * *

Mein erstes Blut. Abends setzt sich meine Mutter an mein Bett. Sie scheint ein wenig beschämt und weiß nicht so recht. »Also, jetzt bist du eine Frau«, sagt sie. Ihr Lächeln hat nichts mit mir zu tun. Sie legt Binden neben mich. »Und wenn du doch mal was in der Hose hast, wasch es gleich aus. Vati mag damit nichts zu tun haben. Im Bad soll nichts rumliegen. Und wasch dich, hörst du, gründlich. Damit du nicht stinkst. Ja, und die Haare sollst du dir in der Zeit auch nicht waschen. Da kannst du verrückt werden.« Ich sehe sie an. Betretenheit auf beiden Seiten. Also bin ich jetzt eine Frau. Ich fühle mich nicht so. Ich fühle mich kindlich und anschmiegsam, bedürftig. Aber es geht nicht. Wir schämen uns voreinander, wo wir doch jetzt das gleiche Geheimnis vor meinem Vater und meinem Bruder haben. Das stinkende Blut. Ich jetzt auch, endgültig.

Adonis ist eine Monatszahl. Eine sapphische Strophe besteht aus 27 vollen und einem halben Takt, das sind die Nächte des Mond-Monats, und die letzten Takte von drei ganzen und einem halben heißen Adoneus und sind die »roten« Tage der großen Göttin. Adonis ist eine Weiblichkeitsform. Der schöne Adonis ist grammatikalisch Die schöne Adonis, und die Geliebte der großen Göttin ist zeitlich ihre Menstruation...

Zit. aus Christa Reinig: »Die Frau im Brunnen«[4]

Die Formen wechseln mit den Jahren, während die Wahrheit, die sie ausdrücken, die gleiche bleibt.

Zit. aus Sir John Woodroffe: »Die Girlanden der Buchstaben«[5]

Und dennoch wirken die Formen, die die Wahrheit in der Zeit annimmt, auf die Wahrheit zurück. Die Wahrheit verschleiert sich oder wird transparent durch die Form, in der sie sich zeigt. Es ist ein subtiles Unterfangen, Wahrheit mit den Worten der Zeit formulieren zu wollen.
Was ist Wahrheit? Gibt es eine Wahrheit, die unabhängig ist von menschlicher Existenz, gibt es die letztendliche Wahrheit, gibt es Wahrheit jenseits aller Versuche, sie zu formulieren? Kann Wahrheit außerhalb von uns existieren, selbst wenn sie niemand anerkennen würde? Gibt es Wahrheit ohne ein Wesen, das sie als solche wahrnimmt?

* * *

Ich nehme ein Beispiel: Meine Nachbarinnen gehen am 6. Januar durch ihre Häuser mit dem Weihrauchfäßchen in der Hand. Immer sind es die Frauen, die ihre Häuser aussegnen und zum Schluß die berühmten Buchstaben und die Jahreszahl an ihre Türen schreiben:

$$19 \text{ K} + \text{M} + \text{B } 88$$

steht dann da zu lesen. Was bedeutet das? Nun, sagen die Nachbarinnen, es sind die Heiligen Drei Könige. Und der Brauch ist dazu da, daß das Haus über das ganze Jahr geschützt ist.
Die Heiligen Drei Könige aus dem Morgenland sollen mein Haus auf der Schwäbischen Alb schützen? Ich bin seit langem skeptisch gegen männlichen Schutz. Wären sie nicht die Vergewaltiger, die sie potentiell sind, brauchte keine Frau Männerschutz, denn gegen Frauen brauchen Frauen sich auf diese Weise nicht zu schützen. Also, für mich keine drei Männernamen über dem Türbalken, damit sie ein Haus voller Frauen schützen. Vor was schützen sie denn, diese drei Morgenländer? Vor Krankheit und Unglück sollen sie schützen. Hm, mache ich, hm.
Jemand erzählt mir, daß der Brauch aus dem Mittelalter kommt, aus der Pestzeit. Ich habe nun ein Haus, das nicht durch diese drei Buchstaben geschützt ist und nicht durch Weihrauch, der am 6. Januar durch das Haus wehen sollte. Ich könnte es dabei belassen, aber irgend etwas an diesem Brauch gefällt mir und erinnert mich – wenn ich nur wüßte, an was.
Ich lasse nicht locker. Ich finde Hinweise, daß es während der Pestzeit die vierzehn Nothelfer gegeben hat, allesamt Heilige – holla – und drei davon weiblich. Ach, und da schau her, wie sie heißen: Katharina + Margarete + Barbara. Aha, also K + M + B, sieht nett aus, so kann ich es gut an meine Haustüre schreiben, genau wie meine Nachbarinnen. Und ich gehe noch ein bißchen weiter, weil die drei mich immer schon fasziniert haben und weil sie schon viel älter sind als die Trinität jüdisch-christlicher Dreieinigkeit. Ich werde fündig. Die Namen der drei mittelalterlichen Nothelferinnen kommen ursprünglich von den drei Na-

men, die die weiblich-göttliche Trinität in Europa oft hatte: Anbeth, Wilbeth und Borbeth, d. h. Erde – Sonne – Mond. Und der 6. Januar ist immerhin der letzte Tag der Wilden Jagd, der Zeit, wo so viel Kraft freigesetzt wird für neue Formen, daß es ganz gut ist, sich ein wenig vorzusehen, daß einer nicht irgendwelche unliebsamen Formen der Kraft ins Haus schneien. Denn mittlerweile weiß ich einfach, daß ich der Kraft, die da wirkt, wie immer wir sie nennen und welche bildhaften Ausdrücke wir ihr verleihen, nicht entgehen kann; aber daß ich mich für die Form, den Ausdruck, den diese Kraft nimmt, entscheiden kann.

Eine Form der Wahrheit: 19 K + M + B 88.

Ist es nun gleichgültig für mich, diese Formel da an meiner Haustür, wie sie für mich heißen soll? Kaspar und Melchior und Balthasar sind doch auch Wahrheiten. Und meine Nachbarinnen sind nicht weniger ernsthaft und glaubwürdig, als ich mir erscheine. Ist es also gleichgültig, ob wir unser 19 K + M + B 88 mit unterschiedlichen Benennungen versehen und unterschiedliche Gestalten darin wahrnehmen? Sind es nur verschiedene Gesichter unserer aller Wahrheit? Es könnte gleiche Gültigkeit besitzen, aber so ist es nicht. Ich weiß, daß sie Kaspar, Melchior und Balthasar murmeln und an die drei heiligen königlichen Männer denken, die hinter einem Stern mit Schweif zur Krippe gezogen sind. Sie aber wissen nicht, daß ich Katharina, Margarete und Barbara flüstere und hinter diesen Namen die drei Gesichter der einen spüre und Erde, Sonne und Mond denke, und Mond in meinem Erdenkörper spüre, Rhythmus und Zeit, und Sonne in meinem Erdenkörper spüre, Helle, Wärme und Licht. Ich bin zornig, wie so oft in solchen Fällen, daß durch die patriarchale Religion nicht durchscheint, woher sie ihre Formeln nimmt und aus welchen früheren Gestalten sie sich geformt hat. Sie hat sich zur einzigen aufgespielt, der einzigen Wahrheit von Kaspar, Melchior und Balthasar, und deshalb die gleiche Gültigkeit ausgeschaltet.

Ich erzähle den Bäuerinnen davon, denn sie haben mich fast glücklich gefragt, ob ich doch an »was« glaube, wo sie doch gedacht hätten, ich wäre eine Heidin. Ich erzähle ihnen, daß mein

19 K + M + B 88 die drei Frauen sind. Zuerst sind sie enttäuscht. Sie hatten gedacht, daß wir doch eine Gemeinsamkeit hätten. Und ich sage: »Ja, haben wir doch auch, wir haben den gleichen Impuls, unser Haus zu schützen, uns zu verbinden mit anderen Kräften, die wir als Schutzpatronin/e betrachten, in der Sorgfalt und der Liebe zu unserem Haus und allen Bewohnern.« Wir könnten uns doch zulächeln, ein wenig verschmitzt, in dem geteilten Wissen, daß wir dasselbe auf unserer Türschwellen stehen haben, das doch nicht ganz dasselbe ist. Ich werde ihren Kaspar, Melchior und Balthasar akzeptieren, wenn sie sich ein wenig an Katharina, Margarete und Barbara erfreuen.

So einigen wir uns denn. Erste zaghafte Schritte zur gleichen Gültigkeit. Jede hat ihre Wahl.

★ ★ ★

»Wenn der Yogi die große Zeit erlangt, wird sein verborgenes Weibliches sichtbar. Das wirft ein Licht auf die sexuelle Symbolik der mythischen Visionen. Fast alle buddhistischen Schriften, soweit bekannt, wurden von Männern verfaßt. Deshalb sprechen diese Werke soviel über das Erlangen von Prajna, der Leere, dem Zustand des Wachseins und des Lichtes«, sagt Alex Wayman in »The Buddhist Tantras«[6] – und nicht nur in dieser Religion ist diese Tatsache bekannt. Es ist ein Phänomen westlicher Denkart, die Religion, Spiritualität, Philosophie und Weltanschauung (wie immer wir die ethischen und moralischen Grundpfeiler einer Sozialstruktur benennen wollen) getrennt von der herrschenden Politik und den daraus resultierenden sozialen Verhaltensmustern zu betrachten.

Diese Anschauung findet sich auch in feministischen Kreisen, in denen die Diskussion von einerseits politischem Handeln und andererseits spiritueller Nabelschau heftig geführt wird. Dabei übersehen die Vertreterinnen dieser Spaltungspolitik, daß sie einer westlichen Weltanschauung von Trennung und Zersplitterung aufsitzen, die so tut, als wäre das eine ohne das andere behandelbar. Sie übersehen, daß die Institution Kirche die Argumente und das moralisch-ethische Fundament für die wirtschaftlichen und volkspolitischen Interessen männlicher Staatspolitik stellt. Eine solche Politik wäre ohne die jahrhundertelange Besetzung von Frauenkörpern und die Weigerung seitens der Kirche, diese Besetzung aufzuheben, überhaupt nicht durchführbar. Sie übersehen dabei, daß Frauen keinerlei eigene kulturelle, soziale und religiöse Rückbindung haben, die ihnen erlauben würde, ihre Rechte selbstverständlich in Anspruch zu nehmen.

Ich plädiere in keiner Weise für eine Art »Zurück zur Natur« oder Zurück-zur-Göttin, denn ich denke, daß jedes Zeitalter eigene Bilder und eigene Erklärungen entwickelt für die Wunder des Lebens und der Welt. Dennoch ist es für eine ganze Gruppe von Menschen, nämlich für die »eine Hälfte des Himmels« oder die Hälfte der Menschheit, existentiell wichtig, eigene Vorbilder und eigene Wahrnehmungen von Wahrheit zu entwickeln, da sie sonst weiterhin ohne Identität, ohne Erklärung für das eigene Wesen bleiben. Und es ist nicht nur wesentlich, die Vergangenheit, das Erbe, die Ahnin neu zu erfahren und zu erinnern, sondern auch die Gegenwart kulturell und weltanschaulich aus der eigenen Sicht der Dinge und der Welt heraus zu erklären, anstatt sich weiterhin damit zufriedenzugeben, benannt zu werden und den Erklärungen und den Benennungen von Männern zu lauschen.

Vor mehr als 15 Jahren hielten die ersten Feministinnen darüber Vorträge, daß es vor den patriarchalen Religionen, die wir kennen, Religionen gab, in denen Göttinnen verehrt wurden, in denen das Sozialwesen und die Zugehörigkeit zu einer Sippe oder einem Clan von Frauen ausging. Das war neu für mich und, wie ich weiß, für viele andere Frauen etwas ganz und gar Neues, etwas, was unsere innere und äußere Welt revolutionierte. Plötzlich hatten wir eine Vergangenheit, Definitionen von weiblicher Kraft, Bilder mächtiger Frauen, und aus dieser Vergangenheit leiteten wir ab, daß auch wir nicht ohnmächtig sein konnten. Die Vorbilder gewannen Gestalt.

Immer wieder erklären mir in Diskussionen Anhänger bekannter Religionen – westlicher wie östlicher –, daß Gott, Buddha, Brahman etc. letztendlich weder männlich noch weiblich seien, sondern geschlechtslos. Sie wollen mich damit beruhigen und mir sagen, daß mein Starrsinn, heutzutage auf einer femininen Benennung dieser Gottheit zu beharren, lediglich daher komme, daß ich nicht weit genug sei, um zu erkennen, daß es letztlich irrelevant ist, mit welchem persönlichen Fürwort eine Kraft benannt wird, die in uns und in allem wohnt. Ich weiß sehr wohl, und welche Frau wüßte das nicht aus einer tiefen inneren Erfahrung, daß die Kraft oder das Wesen alles lebendigen Seins sich nicht in persönlichen Fürwörtern erschöpft. Dennoch ist es ein wichtiges Moment für Frauen, die lebendige Kraft mit sich selbst identifizieren zu können, also SIE dazu zu sagen und sie nicht mit ER zu beschreiben.

Jede Weltanschauung/Religion/Philosophie versucht, den Sinn und den Zusammenhang von Welt zu erklären, und diese Erklärungen werden in Geschichten, Gestalten und Bildern wiedergegeben. Wir können sagen, daß wir als Menschheit noch nicht über diese Kindermärchennotwendigkeit hinausgewachsen sind. Ob es die Bibel ist, die Astrophysik, die Ursprungsmythen der Völker, die Texte der Buddhisten usw., sie alle sind bildhafte Versuche, die Welt zu erklären. Manche von ihnen sind unendlich kompliziert und verzweigt, manche sind geradezu simpel, aber sie alle haben einen erheblichen Einfluß auf die Bilder, die die Menschen, die mit diesen Mythen aufwachsen, von der Welt für sich entwerfen.

Vielleicht gehen wir einer Weltenära entgegen, in der diese bildhaften und damit immer lückenhaften Versuche. Welterklärungen abzugeben, überflüssig werden – vielleicht. Aber bis dahin entkräftet es uns als Frauen weiterhin, daß all diese Erklärungen für uns nur randständige Rollen zur Verfügung stellen, als Mittel zum Zweck. Ob wir in manchen von ihnen noch Göttinnen vorfinden oder nicht. Selbst in den hinduistischen, tantrischen Texten, in denen die Göttin – oder die weibliche Kraft – eine entscheidende Rolle spielt, sind die praktischen Anleitungen für und von Männern geschrieben. Weibliche Wege, die einer weiblichen Welterfahrung gerecht werden können, finden wir nicht. Allein wenn ich das Wort *weiblich* benutze, zucke ich innerlich zusammen. Wir kennen diesen Begriff nur in der Definition patriarchaler Weltanschauung, als reproduktives Element. Es liegt mir nichts ferner, als mich und meine Geschlechtsgenossinnen auf diese patriarchal definierte, biologistische Weise begreifen zu wollen. Ich benutze das Wort *weiblich* in Ermangelung eines Wortes, das die Vollständigkeit meines und meiner Schwestern innewohnenden Wesens beschreibt.

Es scheint mir kein Luxus, für diese Spezies Mensch zu den vielen unterschiedlichen Weltbildern männlicher Prägung eines hinzuzufügen, das unsere eigenen Erfahrungen von Welt ausdrücken kann.

Es erscheint mir schon deshalb notwendig, weil all die bis jetzt vorhandenen Weltanschauungen zu diesem kulminierenden Punkt in der Menschheitsgeschichte geführt haben; einem Punkt, an dem die Männer dieser Welt es fertiggebracht haben, uns an den Rand bzw. in die Katastrophe zu steuern, die darauf hinausläuft, daß wir uns bald überhaupt keine Bilder und kein Verständnis von lebendigen Zusammenhängen mehr machen können, weil es uns gar nicht mehr geben wird.

Wir haben nicht das geringste zu verlieren, wenn wir uns auf den Weg machen, das Leben, die Welt, den Himmel, den Tod auf unsere Weise zu erklären; aber wir haben unter Umständen eine ganze Menge zu gewinnen.

Dabei habe ich nicht die Absicht, eine neue Philosophie ins Leben zu rufen, denn allein diese Art Manifestation zu entwickeln, Bilder vorzugeben empfinde ich als patriarchal; sondern ich werde Anregungen geben, damit andere Frauen ihre eigenen Bilder entwickeln, Bilder, in denen sie sich bekräftigen und stärken, ihren Mut nehmen können, tätig zu werden. Barbara Walker schreibt in ihrem Buch »Der weise Alte«[7]: »Auf spiritueller Ebene können Frauen durch Ablehnung töten; wenn sie den patriarchalen Gott sowohl buchstäblich als auch symbolisch – im Falle einer Gottheit ist beides synonym – zurückweisen, töten sie ihn.« Ebensogut können wir auf spirituelier Ebene erschaffen. Und je mehr von uns an dieser Schöpfung beteiligt sind, desto kräftiger und realer und wirklicher wird diese Schöpfung.

Manchmal, wenn ich Bücher von indianischen Schamaninnen lese, bin ich fast neidisch, weil sie untereinander eine uralte Übereinkunft in ihrer Symbolik besitzen und ihre Magie dadurch bis in die materielle Ebene hinein wirkungsvoll ist – ein Phänomen, das wir nur in Ansätzen kennen, da wir keine vergleichbare gemeinsame Symbolik formuliert haben. Und so sehne ich mich durchaus danach, mit vieler Frauen eine Übereinkunft herzustellen, in unserer Vorstellung von den Welten und den ineinandergreifenden Kräften, also auch in der bildhaften Symbolik, in der wir uns verständlich machen. Aber ich bin eine strikte Gegnerin von Sätzen wie: »... So ist es. Das ist die Wahrheit... So müssen wir...« usw. Nicht nur, weil ich diese Art, neue Religionen zu schaffen, im Ansatz für hierarchisch und faschistoid halte; sondern auch, weil ich denke, daß wir unserer immensen gemeinsamen Kraft damit nicht gerecht werden und eine unglaubliche Kapazität an kreativem Potential nicht nutzen würden. Das brauchbarste Modell scheint mir nach wie vor zu sein, daß alle oder eben die Frauen, die für sich diese Bewegung in der Zeit finden, sich auf den Weg machen, ihre eigenen Bilder, Visionen, Vorstellungen zu finden, und daß wir darin im glücklichsten Augenblick übereinstimmende Symbole erfahren, zu der jede ihre Innenwahrnehmung hat und die wir als gemeinsame Kraft gestalten können, deren Symbole und Wahrheiten wir gemeinsam wirken lassen können.

Vor einiger Zeit habe ich zusammen mit Luisa Francia ein Fernsehinterview gegeben. Der Redakteur fragte uns nach unserer Philosophie, und wir lachten beide herzlich.

»Natürlich haben wir eine. Wir reden uns oft die Köpfe dabei heiß. Aber sie ist aus all den Jahren Beschäftigung und Erfahrung entstanden. Wir spielen mit ihr – das heißt, wir überprüfen sie, ob sie den inneren Wahrnehmungen gerecht wird. Aber sie ist nicht dazu da, als Postulat in die Welt gesetzt zu werden. Jede Frau hat das Recht auf ihre eigenen Philosophien. Wenn wir bereits alle in der Lage wären, mit diesen Formen der Wahrheit spielerisch umzugehen, könnten wir sie vielleicht erzählen. Aber wir sind so geprägt von dem bitteren Ernst, spielerische Hilfsmittel als unbedingte Wahrheiten, an die wir uns halten müssen, zu behandeln, daß es fatal wäre, sie zu äußern.«

Vielleicht sind wir eines Tages in der Lage, uns gegenseitig zu bereichern, indem jede ihre Bilder mitteilt und wir daraus ein gemeinsames Bild schaffen können, das wir eine Zeitlang als Wirklichkeit bezeichnen. Noch kennen wir nur den bitteren Weg dieses Ernstes, wo eine andere Betrachtung der Wahrheit als die, die ich gelernt habe, als Lüge bezeichnet wird. Ich kenne viele Frauen, die die Notwendigkeit in sich spüren, die »schlafende Göttin« zu wecken. Sie sind nicht mehr zufrieden, auf den bekannten Wegen zu gehen. Sie alle spüren die Dringlichkeit in ihren Knochen, die Welt in die Hand zu nehmen, ihre eigenen Ideen von der Welt zu entwickeln und sie einzubringen, damit sie nicht auf diese grausame Weise zerstört wird, die wir im Augenblick erleben. Sie alle wissen, daß der Weg, der zu gehen ist, nicht nur darin besteht, zu den vorhandenen Bildern neue hinzuzufügen, sondern sich erst einmal zu reinigen von all den übernommenen Bildern, die wir nicht selbst entwickelt haben, die so selbstverständlich um und in uns sind, daß wir sie fast gar nicht mehr bemerken.

Es scheint viel einfacher zu sein, aufzunehmen, sich imprägnieren zu lassen, als selbst zu entwickeln und dabei zu wissen, was uns geprägt hat, um überhaupt erst die eigenen Quellen wiederzufinden.

»Wir sind jahrhundertelang damit verrückt gemacht, planmäßig um den Verstand gebracht worden, daß in einer Kultur, die nur männlicher Erfahrung Wert beimißt, unsere eigenen Erfahrungen und Instinkte widerlegt wurden. Die Wahrheit unserer Körper und unserer Psyche wurde verschleiert, mystifiziert. Daher haben wir eine wesentliche Verpflichtung anderen Frauen gegenüber: nicht aus Eigennutz unseren Realitätssinn zu untergraben – uns nicht gegenseitig um den Verstand zu bringen«, sagt Adrienne Rich in ihrem Essay über die Frauenehre. Und sie sagt weiter: »Die Wahrheit, eine Wahrheit gibt es nicht, Wahrheit ist weder ein einzelnes Etwas noch ein System. Wahrheit ist ständig zunehmende Komplexität.«[8] Und diese zunehmende Komplexität verlangt Dialoge, nicht Postulate. Aber die Möglichkeit, selbst Welterfahrung zu formulieren, verlangt, daß ich mich von den vorgegebenen Wahrheiten reinige, um überhaupt imstande zu sein, ureigene Erfahrungen zu machen und diese Erfahrungen mit ureigenen Bildern zu beschreiben.

Zunehmende Komplexität ist ein Prozeß, in dessen Verlauf ich nicht nur eine Wahrheit gegen die andere austauschen kann, sondern in dem ich lerne, daß viele Wahrheiten nebeneinander bestehen und wahr sind, wenn jemand sie als wahr annimmt – ob mir das gefällt oder nicht.

Es hilft nicht, Gott hinauszuschmeißen und Göttin Einzug halten zu lassen, wenn die Struktur meiner Gottesverehrung die gleiche bleibt, in deren Hände ich mich begebe, und wenn ich mir nicht in ihr begegnen kann.

Der wirkenden Kraft kann sich niemand entziehen. Was wir können, ist, den Ausdruck, den wir ihr durch unsere Existenz geben wollen, zu wählen, und das ist dann die Wahrheit, für die wir uns entscheiden.

Bei den tantrischen Buddhisten gibt es eine schöne Vorstellung, die ich mir – ein wenig abgewandelt, wie ich es mir oft erlaube – zu eigen gemacht habe. Es ist die Vorstellung von den *Termas*, den Schätzen, die Dakinis (Himmelsreiterinnen) und Guras an geheimen Plätzen hinterlegen und die die Schatzfinderinnen, die *Tertöns*, zu gegebener Zeit finden. Es gibt in dieser Vorstellung auch Termas, die nicht materialisiert sind, sondern direkt in die Erinnerung der Tertöns gelegt werden und dort zu gegebener Zeit erwachen. Diese Art des Schatzfindens wird als direkte Erweckung der Tertöns durch die Dakini oder die Gura bezeichnet. Ich verbinde diese tantrische Vorstellung mit der schatzhütenden Drachin, die in uns ist und die uns zu gegebener Zeit den Schatz finden läßt. Dieses Bild gibt mir Ruhe. Dennoch muß ich mich auf den Weg machen, muß den Schatz finden wollen, aber es bedeutet auch, daß er da ist und daß ich ihn zu gegebener Zeit finden kann. Ich habe mittlerweile die Erfahrung gemacht, daß ich ihn zur gegebenen Zeit auch finde.

In dieser Tradition ist es nicht notwendig, auf unsere wissenschaftliche Weise objektive Beweise zu erbringen. Wenn eine Tertön zum Beispiel ein Manuskript findet, das mehrere hundert Jahre in einer Höhle gelegen hat, wird nicht an der Echtheit gezweifelt – denn auch wenn sie es selbst geschrieben hätte, wäre es ein wahres Dokument aus jener Zeit, das sie erfahren hat. Im Westen würde eine unendliche Korrespondenz und ein langer Gelehrtenstreit beginnen, ob es wirklich ein Original eines Menschen jener Zeit wäre etc. Aber dort weiß jede Person, daß es Übertragung gibt, daß Zeit in unserem linearen Sinne nicht diese immense Rolle spielt wie in westlichen Kulturen, daß Zeit simultan sein kann und die Tertön sich in die Zeit von vor Hunderten von Jahren begeben haben kann.

Manchmal wünsche ich mir ähnliche Anschauungen in den endlos langweiligen Streitigkeiten über die Tatsache: »Hat es nun Matriarchate gegeben oder nicht?« Dabei erstaunt mich immer zweierlei: Erstens, daß unsere Erinnerungsquellen aus Trancen, inneren Bildern und Vorstellungen nicht gleichermaßen als Geschichtsbeweise gewertet werden wie geschriebene Seiten aus einer viel späteren Zeit, die Vergangenheit zu rekonstruieren versuchen. Zweitens die Unverfrorenheit männlicher Ethnologen und Archäologen, die ungebrochen ihre Interpretationen und Spekulationen über die prähistorische Vergangenheit als wissenschaftliche Wahrheiten verkaufen, obwohl sie in den letzten Jahrzehnten oft selbst kritische Diskussionen über ihre Forschungsmethoden in den eigenen Reihen hatten. Dort ist die Frage nach den Fragestellungen und den dadurch gefärbten Antworten immer wieder erörtert worden, und es ist auch längst in den eigenen Reihen klar, daß in Kulturen, die sie erforschen, von Männern Auskünfte an Männer weitergegeben werden und die Frauen und ihre Rolle in der Sozialstruktur überhaupt nicht erfaßt werden.

Immer noch nehmen Männer Interpretationen, die ihrer eigenen Sozialisation entspringen, als bare Münze, wodurch Tatsachen manchmal bis zur Unkenntlichkeit verzerrt werden. Daß es auch heute noch, auf Bali und Sumatra beispielsweise, Matriarchate gibt, daß viele Hunderte von Frauen in ihrer spirituellen Erfahrung matriarchale Vergangenheit wahrnehmen, ist eine Wahrheit, die nicht zu leugnen ist, denn sie wirkt auf die Gegenwart, für die Frauen als Bekräftigung und für die meisten Männer offensichtlich als Beängstigung. Sowenig, wie wir einer gegenwärtigen Wahrheit gerecht werden, wenn wir nur eine Ebene betrachten, sowenig werden wir zukünftigen Wahrheiten oder vergangenen Wahrheiten gerecht, wenn wir sie von unserer jetzigen Prägung und unseren jetzigen Vorurteilen und Weltanschauungen aus betrachten. Wir nennen das »ethnologische Blindheit«.

Es gibt eine Ebene in mir, die es völlig ausreichend findet, daß wir aus unseren eigenen Quellen schöpfen, in unseren eigenen Erinnerungen wandern und den Bildern, die bei so vielen Frauen auftauchen, Glauben schenken können. Diese Erfahrung von Vergangenheit ist für unser Befinden in der Gegenwart nicht weniger wirksam als die Art der Männer, die Vergangenheit genauso zu betrachten, wie sie Gegenwart leben, indem sie die Frauen ignorieren und Welt nur in bezug auf sich selbst definieren. Eine innere Schau hat nicht weniger mit Wissen zu tun als äußere Belege. Beide sind abhängig von der interpretierenden Person, die aus ihrer Weltanschauung heraus interpretiert. Es wird uns immer wieder gesagt, daß westliche Wissenschaft »objektiv« ist, aber das ist ein Zustand, den es nicht gibt.

Meine eigene augenblickliche Wahrheit ist, daß wir die tiefe, elementare, lustbetonte, in allen patriarchalen Glaubensrichtungen so verhaßte, geschlagene, dämonisierte, verfluchte Kraft zum Leben bringen sollten.

Weibliche Spiritualität hat etwas mit Spiralen zu tun, mit Sichbewegen in allen Ebenen, Reisen in und durch alle Erscheinungsformen der Welten, die mit fünf abgestumpften Sinnen gar nicht mehr wahrnehmbar sind.

Eine wirklich lohnende Politik und wirklich lohnende Beziehungen verlangen, daß wir noch weiter gehen, noch tiefer graben... Wenn ich eine Wahrheit erfahre, die mir vorenthalten wurde und die ich brauchte, um mein Leben klarer zu sehen, kann es mir zutiefst weh tun, es kann aber auch ein kalter, meerfrischer Schock der Erleichterung sein. Oft erfahre ich solche Wahrheiten zufällig oder aus dem Mund Fremder. Um eine ehrenhafte Beziehung zu dir zu haben, muß ich nicht unbedingt alles verstehen oder dir sofort alles sagen, und ich muß auch nicht schon im voraus wissen, was ich dir alles sagen möchte... Es bedeutet, daß ich mich stark genug fühle, um deine suchenden, tastenden Worte anzuhören. Daß wir beide wissen, wir bemühen uns unausgesetzt weiter um die Möglichkeit von Wahrheit zwischen uns. Die Möglichkeit von Leben zwischen uns.

Zit. aus Adrienne Rich: »Frauen und Ehre«[9]

Ich habe in vielen Kulturen und Zeiten nach weiblicher Definition von Wahrheit geforscht, denn ohne die Ehrung der Ahninnen gelingt keine Würdigung der Töchter. Keine Seherin kann Zukunft schauen, ohne die Gegenwart zu *durch*schauen und ohne ihre Herkunft zu kennen. Kein Volk entwickelt Zukunftsvisionen, ohne sie aus den Quellen der eigenen Ursprungsmythen zu schöpfen. Frauen werden nicht geehrt in einer Gegenwart, die weibliche Vergangenheit ausgelöscht hat und deren Zukunftsmodell Frauen durch Genmanipulation überflüssig macht.

Vor 500 Jahren wurde der »Hexenhammer« geschrieben. Im Verlauf der folgenden Jahrhunderte wurden Millionen von Frauen ermordet, von denen zumindest einige weibliche Vorstellungen von Wahrheit vermittelt haben. Sie waren die Erbinnen von Priesterinnen. Wir knüpfen heute an sie an. Wir fügen uns ein in das Netz weisender Frauen.

Es kann nicht darum gehen, die Männer zu bitten, weniger mörderisch zu handeln, noch darum, in Ohnmachtsstrukturen und Vorwürfen zu verharren. Es geht darum, den inneren Willen/ Sinn des eigenen Seins wieder zu ergründen; den Weg vergessener weiblicher Erkenntnis zu gehen und dadurch handlungsfähig zu werden, d. h., die eigenen Ressourcen schöpferischer Kraft wahrzunehmen und aus ihnen heraus Realität zu schaffen.

Für manche Menschen mag es lediglich ein Aspekt dieser Zeit sein, daß Frauen die Wahrheit für sich und auf sich gerichtet formulieren, weil sie sich in den Gebäuden der Männer nicht finden können.

Für manche mag es stimmig erscheinen, daß es neben einer Männerkultur auch eine Frauenkultur gibt, gleichzeitig, gleichräumig. Es gibt viele Beispiele, in denen dieses Phänomen der getrennten Kulturen bis hin zu unterschiedlichen Sprachen beobachtet werden kann.

Für manche mag es ein neuer Blickwinkel sein, wenn Frauen von ihren eigenen Erfahrungen ausgehend Wahrheit definieren. Ein neuer Blickwinkel, der zu den anderen Möglichkeiten hinzukommt. Wie Einsteins Definition vom Licht als Partikel die Möglichkeiten der Betrachtungsweise des Lichtes erweitert hat.

Für manche aber ist diese Wahrnehmung lebensnotwendige Voraussetzung, um mitzuhelfen, die kommende Wandlung auf eine konstruktive Weise zu vollziehen; eine Wahrheit, der sie sich anvertrauen, die sie berührt oder die sie nachdenklich macht.

Für die meisten Frauen jedenfalls ist es – wo immer sie ihren Platz einnehmen und ihre Aufgabe erfüllen – hohe Zeit, ihre eigenen Definitionen der Wahrheit zu formulieren; Zeit, sich auf den Weg zu machen, um wiederzufinden, wer sie sind und was sie in der Lage sind zu bewirken.

Menschenfrauen fliegen wieder

Skizze einer weiblich-magischen Kultur

> Wenn ich der verlorenen
> Wirklichkeit dazu verhelfe, ihre
> Kraft wieder zu zeigen, grüßen
> mich die Vögel mit den blauen
> Federn, meine Schwestern, mit
> freudigem Gruß.

In den vorangegangenen Kapiteln habe ich versucht, die Not-
wendigkeit aufzuzeigen, die Frauen veranlaßt, ihre eigenen
Wege wieder auszugraben, ihre eigenen Vorstellungen von der
Welt, die Erde und Himmel mit einbeziehen, darzustellen.
In diesem Kapitel geht es mehr um den Ton, die berührende
Sprache, mit der ich versuchen will zu skizzieren, was Frauen-
magie ist, was der Weg und die Gesetze von Frauen sein kön-
nen.

Ein Buch kann immer nur anklingen lassen, kann nie die eigene, zusammenhängende Erfahrung ersetzen. Ich werde diese Skizze in Einzelteilen beleuchten; einige Themen herausgreifen aus unserer gewachsenen Kultur, anhand derer deutlich wird oder manchmal auch nur zart durchscheint, was es bedeutet, wenn wir fliegen. Fliegen heißt in diesem Zusammenhang nicht, auf einem Besenstiel zu einem nächtlichen Treffen mit einem gehörnten oder bocksbeinigen männlichen Gott zu reiten. Dies ist eine Vorstellung männlicher Kleriker, die sie gefolterten Frauen abpreßten. Fliegen heißt, das Symbol der Phönix, Hamsas oder der Falkin wiederzubeleben, der Wesen, die durch die Ebenen gleiten, überall sind, nicht zu fixieren und zu fesseln – frei.

Es bedeutet, der eigenen Wurzeln, der eigenen Flügel, der eigenen weitsichtigen Augen und der eigenen Kraft mächtig zu sein und sie anzuwenden.

Es fällt mir nicht leicht, auszuwählen. Ich schwanke zwischen meinem Gefühl für unveräußerbare Intimität und dem Wunsch, auch in dieser indirekten Kommunikation über ein Buch berührbar zu sein und zu berühren. Es gab lange Gespräche mit den Freundinnen über Geheimnisse.

Wir sprachen darüber, wann Geheimnisse aus etwas *gemacht* werden, um andere Menschen in Abhängigkeit und Unwissenheit zu halten, und wann Geheimnisse *gewahrt* werden, um dem Gesetz zu folgen, daß manche Dinge nur durch eigene Erfahrung begriffen werden. Wann ist Geheimnis Schutz vor Mißverständnis und pervertierter Auslegung?

Die Alchemisten haben ihre Symbolsprache dazu verwendet, um das, was sie wirklich meinten, zu verschleiern. Die Sprache selbst wurde zum Labyrinth, durch das sich die Forschende hindurchtasten mußte. Die heutige Psychologie versucht mit sprachlicher Interpretation Offenheit, Aufdeckung zu betreiben und verwischt oft genug, weil sie die vielen Ebenen eines Geschehens außer acht läßt und, vor allen Dingen, die Integrität des Schweigens nicht achtet. Was ist eine Sprache, die durchsichtig macht, ohne preiszugeben, was sich nur in eigener Erfahrung offenbart? Ich versuche mich hindurchzutasten.

Das sind diese Frauengesichter, verschieden wie Tau-
tropfen über meines Lebens Netz gereiht, jedes Körn-
chen spiegelt eine andere Morgenröte. Das Geflecht all
meiner Jahre bebt unter solchem Gewicht, bis das Naß
aus jeder Hülse bricht, der Mitte zuströmt – dieser
Narbe der Erinnerung, in sich unaussprechlich, aus der
alles gesprochen wird, das uns bewegt.

*Zit. aus Robin Morgan: »The network of the imagi-
nary«*[10]

Alltag

Eine der wichtigsten Aussagen, die ich immer wieder in Semina-
ren mache, ist diese: »Wenn ihr nicht beim Zwiebelschneiden
am Küchentisch eure Magie machen könnt, sondern besondere
Umstände braucht, taugt sie nichts.« Magie, Religion, Weltanschauung, die auf dem Papier oder in gesonderten Räumen stattfindet, ist oft eine abgespaltene Kraft. Sie ist theoretisch oder mit
einer Heiligkeit versehen, die sich nicht mit Profanem verschwi-
stern will. Aber was nützen mir alle bewußtseinserweiternden
Einblicke, wenn ich sie nicht in mein Leben integrieren kann?
Was ist Magie, wenn ich sie nicht mit meiner Arbeit im Garten,
im Haus, mit meinen Beziehungen, mit den kleinsten, unschein-
barsten Dingen verbinden kann?
Wir sind gewohnt, Spektakuläres als wichtig zu beurteilen. Cha-
rismatisches Auftreten wird oft bereits mit Stärke und Integrität
verwechselt. Wir bewundern Schamanen, wenn sie mindestens
6000 km weit hergeflogen sind, um uns zu treffen, und obendrein möglichst fremdartig aussehen.
Eine Kultur beginnt zu wachsen, dort, wo eine ist. Die besten
Heilpflanzen sind die, die in der unmittelbaren Umgebung von
einer wachsen. Manchmal beginnen Pflanzen in der Umgebung
einer Person richtig zu wuchern, und das ist das sicherste Zeichen, daß sie heilsam für diese Person sind. Nichts in unserem

Alltag ist so unwesentlich, daß wir es einfach übersehen könnten – kein Ton, keine unwillige Handlung. Nichts geht verloren.

Meine Großmutter war eine geizige und zu den meisten Erwachsenen engherzige und unfreundliche Frau. Trotz ihrer herrischen Art, trotz all der kleinlichen Hindernisse, die sie ihrer Schwiegertochter täglich in den Weg legte, glaubte sie, daß sie in den Himmel kommen würde. Denn schließlich war sie jeden Sonntag, bis ins hohe Alter von 90 Jahren, in die Kirche gegangen und hatte schließlich niemandem im Mai auch nur ein Ästchen von ihrem Flieder gegeben – außer dem Pfarrer, und ihm für seine Kirche körbeweise. Der Umgangston in ihrem Haus war aggressiv, die Atmosphäre bedrückend. Ihr Alltag war voller kleiner, giftiger Anspielungen, voller Ränke und Trostlosigkeit. Aber wenn sie zu philosophieren begann, war sie brillant. Wenn es um die Kirche ging, war sie gebefreudig, und der Pfarrer unserer Gemeindekirche war erfreut über so ein Schäfchen. Wenn ich mit ihr zu den Marienandachten ging, jeden Abend im Mai, und wir an den Gärten mit den Düften nach Frühjahr und Wärme vorübergingen, war sie eine andere Frau. Vor dem Marienaltar erschien sie mir immer jung. Ich sah sie oft lange und verstohlen von der Seite an. Ich begriff nicht, wieso sie nichts von all dem, was ich in ihrem Gesicht während der Andacht sehen konnte, mit nach Hause nahm; in dies Haus, in dem ich zum Glück nicht wohnen mußte, weil ich darin erstickt wäre.

Vielleicht habe ich es dieser Erfahrung als Kind zu verdanken, daß ich später lernte, Magie nicht als eine spektakuläre Sache zu sehen, die in verborgenen Räumen, auf rot-schwarz-weißem Samt stattfindet. Es ist eine Art des Lebens, des Einbeziehens, des Kommunizierens – zu jeder Zeit, nicht nur zu rituellen Anlässen. Ich lebe in diesem Bewußtsein, ob ich ins Kino gehe, spazierenlaufe, Holz hacke oder, wie gesagt, Zwiebeln schäle, nicht anders, als wenn ich ein Neumondritual mache, zu einem Kraftplatz wandere oder gemeinsam mit einer Frau eine Heilungszeremonie ausführe.

Alltag I

Die Schwitzhütte aus Weidenruten hat ausgeschlagen. Weiden sind wunderliche Bäume, wie Holunder. Wenn ihre Zweige oder ein Teil ihrer Krone in die Erde gesteckt werden, beginnen sie Wurzeln zu bilden und wachsen wieder an. Die Schwitzhütte sieht schön aus, bald wird es eine grüne Höhle sein. Ich schleppe meine kleinen Johannisbeersträucher an ihr vorbei. Ich bin voller Freude. Dreizehn Johannisbeerbüsche werde ich pflanzen, und in ein paar Jahren werden wir eigene Johannisbeeren ernten. Ich bin im September geboren. Ich liebe das Ernten. Aber ich mag auch das Pflanzen. Es ist schön, hier im Garten zu sein und mit den Pflanzen zu sprechen und Plätze für sie auszusuchen. Sie werden den Garten vom Weideland abgrenzen. Auf der anderen Seite habe ich Himbeersträucher gepflanzt. Trotz Tschernobyl und all den Giften esse ich lieber aus dem eigenen Garten, als im Supermakt die Dosen aus dem vorigen Jahr einzukaufen. Denaturiertes Essen wird mich auf keinen Fall stärken, wird nicht mit mir kommunizieren, wie es die Pflanzen hier im Garten tun. Ich kann spüren, wie es ihnen mit diesen unsichtbaren, feinen und doch so durchdringenden Strahlen geht.

Pflanze für Pflanze setze ich die Johannisbeerstöcke, die einmal zu Sträuchern heranwachsen sollen. Einer der Stöcke zittert. Die Aura hat kleine Blitze, wie Angst und Rufen. Ich setze mich zu dem Stock und singe, versuche zu beruhigen. Denke, es ist vielleicht wirklich ein Schock, plötzlich wieder in der Erde zu stecken. Nach einer Weile gehe ich wieder an die Arbeit; dreizehn Stöcke, immer im Abstand von gut eineinhalb Metern. Ich bin ganz stolz, als ich damit fertig bin. Aber das zitternde Stöckchen hat mich doch beunruhigt.

Ich gehe zurück, um nachzusehen. Es hat sich nicht mit seiner Lage abgefunden. Es zittert immer noch. Ich sitze daneben und weiß keinen Rat. Obwohl ich meinen Garten seit sieben Jahren mache, spüre ich, neben all dem erfahrenen und angelesenen Wissen über Gartenbau, immer noch diese Unfähigkeit, die mich jedes Jahr immer wieder traurig macht. Die Unfähigkeit, so selbstverständlich mit den Pflanzen zu sprechen, wie es meinem tiefen Wissen und Verstehen entspräche.

»Kleiner Strauch, vielleicht mache ich etwas vollkommen Falsches, weil ich dich nicht richtig verstehen kann. Wir müssen miteinander leben in dieser Unvollkommenheit, du und ich.« Ich tränke ihn noch einmal mit meinem Anpflanzwasser, Wasser aus einer Heilquelle, in dem Brennessel und Frauenmantel ihre Schwingung hinterlassen haben und das ich unter Singen rührte. Dann gehe ich davon. Das Stöckchen ist eingegangen. Ich habe es nicht verstanden – noch immer scheint es schwer zu sein, der dreizehnten Fee gerecht zu werden. Zwölf Johannisbeersträucher haben heuer schon erste Blätter angesetzt. Ich habe keine dreizehnte Fee mehr dazugepflanzt, vielleicht ist es noch nicht an der Zeit, obwohl – an ihrer Stelle ist eine Tollkirsche gewachsen, stolz und schön.

Alltag II

Halb sieben Uhr. Gräßliches Weckerrasseln. Jeden Morgen, selbst samstags. Meine Tochter geht in eine Waldorfschule, da ist auch samstags Schule. Ich tappe zu ihr ins Zimmer. Licht an. Guten Morgen, schnell unter die Decke schlüpfen. Das ist unsere heilige Viertelstunde. So kann sie ganz genüßlich aufwachen und mir im Halbschlaf noch ihre Träume erzählen. Untertags oder abends hab' ich oft keine Zeit – Seminar oder Schreiben oder...; aber diese Viertelstunde gehört uns, verläßlich und von beiden geliebt.

Dann fast automatisch Wasser aufsetzen, Brote streichen, waschen, anziehen und ab ins Auto. Unten am Fuß des Berges, auf dem wir wohnen, wartet Maria mit ihrer Tochter Grischa. Einen Morgen ich, den anderen sie, fahren wir die Töchter an den 12 km entfernten Bahnhof. Heute fahren wir zusammen. Manchmal ist das so. Dann gehen wir einen kleinen Kaffee trinken.

Sie war aus dem Wagen gestiegen, hatte mich kurz gemustert

und gesagt: »Oh, wie siehst du denn aus? Komm, wir gehen einen kleinen Kaffee trinken.« Stehcafé neben dem Bahnhof. Nach den ersten Schlucken fragt sie ohne Umschweife: »Was ist?« – »Ich komme nicht durch«, sage ich, »oder besser, eine Stimme kommt nicht durch. Ich höre sie undeutlich. Ich verstehe sie nicht. Es ist wie ein ständig laufendes Radio, das von weit weg sendet, das du nur rauschen hörst. Es geht mir auf die Nerven.«

Nachdenklich sagt Maria, daß nachmittags die ersten Frauen zum Seminar kommen. »Aber«, ein prüfender Blick in mein Gesicht, »wenn du willst, werde ich trommeln, vielleicht wird es deutlicher.«

Wir sind geübte Zusammenarbeiterinnen. Es ist ein Vergnügen für uns, und es ist einfach miteinander. Wir sind wie ein gut eingespieltes Team darin, unsere Frequenzen aufeinander einzustellen und zu verstärken, wenn es nötig ist, oder ineinandergreifen zu lassen. »Gut«, sage ich, »bevor ich mich weiter mit diesem Wellensalat herumquäle.« Wir trinken aus und fahren zu Maria nach Hause, einem schönen, kleinen Bauernhaus, das ich zu Fuß von meinem Haus aus erreichen kann. Ihr Musikzimmer ist hell, die Schwingungen sind immer klar. Die großen Trommeln stehen wie schläfrige alte Frauen im Raum. Ich weiß nur zu gut, wie es ist, wenn sie wach werden. Einen konzentrierten Augenblick der Ruhe. Jede stellt sich in sich selbst hinein – Trommel und Tanz, Hände, Füße, Körper, Sinne offen, sondierend, suchend – immer wieder dieses vollkommene Glück, wenn wir spüren, wie wir uns auf der gleichen Ebene treffen, ineinanderwirken. Gleichzeitig spricht die Trommel aus, was ich bis jetzt nicht hören konnte, alle Nebengeräusche sind verschwunden. Die Nebel aufgerissen, Klarheit ist da.

Drei Stunden sind vergangen. Es ist uns viel kürzer vorgekommen. Köstliche Erschöpfung, Riesenhunger, Gekicher, Kaffeekochen, Brötchenholen. Die Narzissen in der Gärtnerei locken mich. Ich bringe einen Strauß voll mit. »Hunger nach der Energiearbeit«, kichert Maria nach dem dritten verschlungenen Brötchen. Ich bin verschwitzt. Zu Hause ist mein erster Weg in die

Badewanne. Ich bin rechtzeitig trocken und angezogen, um meine Tochter an der Bushaltestelle abzuholen.

Alltag III

Wenn eine auf unser Haus zugeht, kommt sie zuerst auf einen Platz, auf dessen Mitte eine alte Linde steht. Von dort gibt es drei Wege. Der rechte führt hinaus aufs freie Feld. Der linke zwischen zwei neu aufgebauten Höfen vorbei zu einem modernisierten Hof, in dem der Friseur des Ortes mit Familie wohnt. Der mittlere Weg führt zwischen der Kirche und unserem Hof hindurch. Links die Kirche, rechts das Haus. Manchmal hören wir die Orgel und die Stimmen der Versammelten, die ihren Gott preisen. Manchmal versammeln sie sich, um eine Messe für die Verstorbenen lesen zu lassen, manchmal findet eine Hochzeit statt.

Manchmal hören die Kirchenbesucher unsere Lieder. Manchmal heben sie erstaunt die Köpfe, weil Trommeln und Klanghölzer aus unserem Haus ihnen fremde Klänge bringen. Manchmal betrachten sie uns neugierig, bevor sie in der Kirche verschwinden, die bunten Frauen am sommerlichen Gartentisch, der an der Südseite unseres Hauses aufgestellt ist. Unser fünfhundert Jahre altes Haus hat zwei Türen. An der Eingangstüre hängt ein Kranz, aus Weidenzweigen geflochten und mit Federn und Muscheln geschmückt. An der hinteren Türe, die auf die Wiese mit dem Gartentisch führt und der Kirchentüre gegenüberliegt, hängen drei Fetischpuppen aus Flachs. Manchmal klingeln die Glöckchen um ihre Taillen im Wind. Manchmal stehen Autos am Weg, deren Insassen in die Kirche gehen. Manchmal stehen an denselben Stellen Autos, deren Insassinnen bei uns zum Seminar gekommen sind. Eine, die tagelang blieb, sagte irgendwann lachend: »Es ist wie in den Nebeln von Avalon. Der Tempel und die Kirche sind gleichzeitig da. Es ist nur eine Frage des Blickwinkels, was ich sehe – oder ob ich beide sehe.« Der Mesner kommt vorbei. Bevor er in die Kirche geht, bleibt er stehen.

»Endlich isch Wedder worre«, sagt er in seinem Dialekt, den ich inzwischen verstehe. »Ja«, sage ich, »und es hält an.« Wir blikken beide prüfend zum Wald, um zu sehen, welche Farbe er uns zeigt.

> Die weise Alte, die keinen Herrn anerkennt, mag unsere beste Führerin auf dieser langen, dunklen, labyrinthischen, spirituellen Reise sein.
>
> *Zit. aus Barbara Walker: »Die weise Alte«*[11]

Tod – Sturm – Hauch – Rauch

Sterben ist ein aktives Wort. Wir werden nicht gestorben. Aber es scheint uns anders zu sein. Was mit dem Tod zusammenhängt, wird als etwas außerhalb unserer selbst angesehen. Der Tod ist etwas, das uns ereilt, das wir erleiden, dem wir ausgeliefert sind. Wir springen ihm von der Schippe, oder wir folgen ihm. Wir kämpfen mit dem Tod, oder wir unterliegen ihm. Wir sagen: »Ich will leben!«, und das bedeutet soviel wie: »Ich will nicht sterben.« So, wie wir auseinandergerissen sind in Erde und Himmel, in Gut und Böse, in Körper und Geist, in Materie und Energie, so sind auch Leben und Tod auseinandergerissen, wir erfahren sie nicht mehr als eins.
Dabei haben wir Frauen einen Zyklus, einen Rhythmus, der uns zeigen könnte, daß all dies scheinbar Zerrissene eins ist; wir menstruieren, und dabei erleben wir, wie wir auch in anderen Ebenen zu Hause sind als in der materiellen. Wir haben unseren Eisprung, und dabei erleben wir, wie wir berührt werden von der Energie aus anderen Ebenen. Wir kommunizieren und sind gleichzeitig hier und dort. In der Anderswelt, wie die Schamaninnen die anderen Ebenen nennen, und hier. Wir haben Begegnungen in der Anderswelt und hier. Manchmal, wenn wir begonnen haben zu vertrauen, daß dies so ist, erfahren wir die An-

fänge des Ganzseins. Tod im Leben, Leben im Tod als lebendiges Sein.

Wir haben gelernt, den Tod zu fürchten, wie wir gelernt haben, Veränderungen zu fürchten. Es ist dieselbe Furcht, die wir vor dem Wahnsinn haben, wenn wir anderes wahrnehmen als üblich.

In jeder Weltanschauung, jeder Religion, die ich kenne, wird die Überwindung des Gegensatzes von Leben und Tod als eine Prüfung erlebt. Oder jedenfalls wird der Weg des Erkennens, daß es Tod in unserem europäischen Sinn nicht gibt, nur von einzelnen, unter schweren und langwierigen Prüfungen beschritten – bis zum Regenbogenkörper oder zur dritten Aufmerksamkeit oder wie immer das Auflösen des eigenen Körpers in den verschiedenen Betrachtungsweisen bezeichnet wird.

Frauen *sind* Leben und Tod und die Brücke zwischen beiden. Wir brauchen nicht von einem zum anderen zu gehen, wir verlagern unser inneres Gewicht, von dem selbst der sonst frauenfeindliche Don Juan in Castanedas Werken sagt: »Sie (die Frauen) haben ein viel klareres inneres Gleichgewicht als Männer.«

Eine Frau, mit der ich in lebhafter Korrespondenz bin, schreibt: »Frauen sind identisch mit der Göttin. Wir sehen uns spiegelbildlich. Männer sind mutierte Frauen. Sie sind Teile der Göttin. Wir haben uns angewöhnt, wie sie die Welt und uns zu betrachten. Ihr Weg ist der Weg der ›Krankheit als Chance‹; unser Weg ist es, uns wiederzuerkennen und die Bilder der Verzerrung und der Trennung aufzuheben.«

Tod I

Anna kommt eine Woche zu uns. Sie ist eine Frau aus ganz geordneten Verhältnissen. Verheiratet, zwei kleine Kinder. Ihre beiden Brüste sind ihr vor zwei Monaten abgenommen worden. Narben ziehen sich über ihren Brustkorb. Sie hat Metastasen in den Knochen. Sie hat noch nie etwas mit Magie oder Spiritualität oder der Frauenbewegung zu tun gehabt. Jetzt weiß sie sich keinen anderen Rat.

Als wir uns das erste Mal gesehen haben, stand sie in unserer Haustür, schwarze Haare, weiße Bluse, rote Hose. Eine Frau, die keine Ahnung von den drei Farben der Göttin hat. Schwarz, Weiß, Rot. Ihre Ausstrahlung war lebendig, obwohl sie schwer krank war, wie ich wußte. Ja, wir wollten zusammen arbeiten, sehen, ob sie ihre Selbstheilkräfte mobilisieren konnte. Ich sagte ihr gleich, daß ihre Kräfte dazu da wären, ihr zu helfen, dorthin zu gehen, wohin sie sich entschied; in die Anderswelt oder hierzubleiben, in der Ebene, die wir Leben nennen.

Anna wohnt in meinem Arbeitszimmer. Ihr Zorn darüber, daß sie sterben soll, ohne je wirklich gelebt zu haben, ist groß. Ihre Scham über ihren zerstückelten Körper fast noch größer. Eines Morgens finde ich neben ihrem Bett einen Zettel, auf dem steht:

> Und keiner soll es wissen,
> nun bin ich endlich schlank,
> doch innerlich zerschlissen.

Die Bitterkeit frißt an ihr. So viel Vitalität in den Wucherungen. Unsere gemeinsame Arbeit ist, Frieden zu finden; einen Punkt in ihr, in dem Friede ist – ihr eigener Friede, der eben nicht Frieden schließt mit grausamen Umständen, mit der Tatsache ihrer seelischen und körperlichen Zerstückelung. Nicht Schlichtung ist es, was sie braucht.

Sie lernt auch, in anderen Ebenen zu Hause zu sein. Sie weiß, daß sie Kontakt behalten kann. Sie weiß, daß lebendiges Sein nicht ausgelöscht ist, sobald sie ihren Körper verläßt. Sie weiß, daß wir sie begleiten, bis wir spüren werden, daß sie aus ihrer Verwirrung, ihrer Angst und ihrer Bitterkeit befreit ist. Ihre Scham nimmt ab. Es ist unendlich gut zu sehen, daß sie wirklich glauben kann, daß wir uns nicht vor ihrem zerstückelten Körper ekeln.

Als sie sterben will, gehen will in ihren eigenen Frieden, geben wir ihr ein Festmahl, ein Abschiedsmahl und ein Willkommensmahl zugleich. Neben den verkörperten Frauen sind solche geladen, die wir als Begleiterinnen kennen, als Freundinnen aus anderen Ebenen. Dreizehn Tage nach diesem Mahl ist Anna tot. Am Ende ihres jetzigen Lebens fand sie Bestätigungen für ein Wissen, das sie von Kind auf hatte und das ihr alle, mit denen sie lebte, auszureden versuchten. Die Bitterkeit hatte sich zu weit in ihren Körper gefressen. Sie hat eine andere Zeit.

Tod II

Camille, unsere schöne, weiße Ziege, bekommt Junge. Den ganzen Abend sind wir bei ihr im Stall. Sie trägt schwer. Ich summe, ich massiere sie. Ich spüre die verwickelte Lage des ersten Lammes. Behutsam versuche ich zu helfen. Es ist grausam. Es ist ein viel zu großer, weißer Bock. Wir konnten ihn nicht retten. Er kommt tot auf die Welt. Warten, summen, massieren, beruhigen. Nach ihm kommen Zwillinge. Zwei schöne kleine, braune Ziegen. Wir nennen sie »Koste-die-Welt« und »Komm-hinterher«. Ich hatte von diesen Zwillingsnamen gerade gelesen, und sie gefielen uns.

Camille ist erschöpft. Wir auch. Wir bleiben noch ein wenig. Die beiden Zicklein sind munter. Sie müssen aus der Flasche trinken. Ihre Mutter ist zu matt nach dieser schweren Geburt. Birgit versorgt die Zicklein. Ich versorge Camille mit Streicheln, Miteinander-Kommunizieren, Summen, Frauenmanteltee-Geben. Irgendwann gehe ich nach oben ins Haus und ins Bett. Gerechter, tiefer Schlaf.

Gegen vier Uhr morgens, knapp zwei Stunden, nachdem ich eingeschlafen bin, kommt Birgit. Sie bringt mir eins der Zicklein. Ein mattes, kleines Tier, das in Stößen atmet. Wir haben oft genug Ziegen aufgezogen, um zu wissen, daß es nicht an der Nahrung liegt. »Beide«, sagt Birgit und wischt sich die Tränen ab. Sie dreht sich um und geht wieder in den Stall. Ich lege das Tier in meinen Arm. Es ist »Koste-die-Welt«. Ich bin verstört. Versu-

che, ihr Kraft zu geben. »Koste die Welt, koste sie doch.« Stoß-
weises, röchelndes Atmen. Ich brauche eine ganze Stunde voller
Skrupel, Nichtglauben, bis ich begreife, daß ich eine kleine, un-
erbittliche Lehrerin im Arm habe. »Hilf mir, hilf mir zu gehen.«
Alle Skrupel meiner Erziehung tauchen auf. Ich weiß, daß es
nicht ums Messer geht, nicht so will sie gehen. Ich weiß, daß sie
meine zärtliche Kraft braucht, diese Hilfe, weil sie selbst zu
schwach ist. Ich sitze und weine; ich bin erschöpft von dem Versuch, mich normal zu verhalten und dieses kleine Ziegenkind
einfach nur in meinen Armen sterben zu lassen. Es reicht ihr
nicht. Ich soll sie nicht nur wiegen.
Eine Stunde sehe ich mir an, was meine Feigheit anrichtet. Stoß-
weises Atmen, Röcheln, ein jämmerliches kleines Blöken. Dann
nehme ich sie endlich, diese Lehrerin, wie keine zweite, ganz fest
und zärtlich an meinen Körper und atme mit ihr, atme mit ihr
hinüber in die Anderswelt. Ihre Würde, gehen zu können, und
meine Verantwortung, sie zu begleiten; nicht nur zu warten, bis
sie gegangen ist.
Ich gehe mit ihr durch den Nebel. Ich trage sie fest an mich gedrückt, solange sie weiter so schreckliche Atemnot hat. Erst als
sie frei atmen kann, lasse ich sie auf die Erde gleiten. Sie scheint
größer zu sein als eben noch. Bevor sie davonspringt, sagt sie:
»Vergrab den kleinen Körper nicht. Es ist soviel Liebe und Kraft
darin, ich schenk' ihn dir.« Dann läuft sie über die Wiese davon.

– Koste die Welt –

Tod III

Eine alte Freundin von mir am Telefon. Sie weint. Sie ist
schwanger, und sie weiß, daß sie dieses Kind nicht bekommen
kann, und gleichzeitig hat sie das Gefühl, nicht abtreiben zu können. Sie hat schon zwei. Sie wird verrückt, sagt sie. »Das Kind
hat doch auch was zu sagen«, wiederholt sie schluchzend in ei-

nem fort. Ich finde, sie soll kommen, und wir besprechen das Ganze in der Ruhe, die wir möglich machen können.

Wir sind drei Frauen, die Schwangere, eine gemeinsame Freundin und ich. Ich höre zu. »Das Kind hat doch auch was zu sagen« ist der Satz, den sie verzweifelt immer wiederholt. »Dann laß es doch sprechen, Eva«, sage ich. Jane und ich nehmen Eva in unsere Mitte, wir bilden einen Energiekreis um sie, damit sie ungestört mit dem Wesen in sich sprechen kann. Ich spüre nichts Junges, eher etwas sehr Altes anwesend. Ich spüre eine Vertraute. Um mich nicht in die Unterhaltung einzumischen, konzentriere ich mich auf den Schutz, den Raum, der ungestört sein soll von anderen Schwingungen. Nach einer Weile geht Eva aus dem Kontakt und wendet sich uns zu. »Ich kann es nicht glauben«, sagt sie und schüttelt den Kopf. »Ich kann es einfach nicht glauben. Sie sagt, sie habe sich mitnichten inkarnieren wollen. Aber da wir hier alle so taub seien, und ich wohl im besonderen«, sie kichert fast, »sei ihr nach langen Versuchen, mit mir Kontakt aufzunehmen, nichts anderes übriggeblieben, als sich zu verkörpern. Nur dies würden wir Ignorantinnen wohl zur Kenntnis nehmen. Und sie täte nichts lieber, als wieder aus meinem Körper zu verschwinden, wenn ich ihr versprechen würde, auch anders von ihr Kenntnis zu nehmen, da sie mich einiges lehren wolle.«

Eva, die wenig über meine Arbeit weiß, starrt mich an, ungläubig. »Kommen mir solche Gedanken, weil ich bei dir bin?« fragt sie. Ich grinse sie an. »Hast du ihr versprochen, ihr auch so zuzuhören?« frage ich. »Ja«, sagt sie und scheint dabei selbst nicht so recht an ihre Worte zu glauben. »Ja, sie will mich einiges lehren, und das kann ich wohl gut gebrauchen, oder?« Jetzt grinst sie zum Glück zurück. Wir trinken Tee zusammen und sprechen darüber, daß es vielleicht auch anderen Frauen so gehen könnte, und wie wenig wir über diese Geschichten mit der Verkörperung wissen, und wie taub wir sind für die zart anklopfenden Berührungen aus anderen Ebenen.

Plötzlich wird Eva kreidebleich. »Es ist wahr«, flüstert sie, und dann schreit sie, »es ist wahr, ich blute. Es ist die zehnte Woche, und ich blute. Sie hatte recht.« Und dann beginnt sie vor Schrekken und Erleichterung zu weinen. Nach einem Tag im Bett als Verwöhnung und nicht so sehr, weil sie es brauchte, mit Tee und Musik und Massage, fährt Jane sie wieder nach Hause. Eva hat eine weise Lehrerin, die ihr ein tiefes Zutrauen in den eigenen Körper und in die Arbeit mit schwangeren, gebärenden und abtreibenden Frauen gibt.

> Sie sprechen miteinander über die Gefahr, die sie für die Macht bedeutet haben, sie erzählen, wie man sie auf den Scheiterhaufen verbrannt hat, um sie daran zu hindern, sich in Zukunft zu versammeln.
>
> *Zit. aus Monique Wittig: »Die Verschwörung der Balkis«* [12]

Zeremonie – Ritual – Energie

Zeremonien sind Handlungen der besonderen Anteilnahme. Sie treten aus unserem Alltag hervor, sind aber innigst mit ihm verbunden. Wenn eine Zeremonie keine Wirkung in den Alltag hinein aufweist, war sie von geringer Kraft. Das bedeutet nicht, daß wir bereits in der Lage sind, unser Augenmerk auf die feinen Auswirkungen zu richten. Manchmal nehmen wir die Wirkungen der Zeremonien überhaupt nicht wahr, weil wir gelernt haben, nur sensationelle Veränderungen als solche zu registrieren.

Die einzigen Handlungen in unseren Zeremonien, die immer wiederkehren, sind die Schutzkreise vor Beginn, die sicherstellen, daß keine Wesen aus den verzerrten Ebenen in die offene Kommunikation der Anteilnahme hineinreichen. Jede Zeremonie hat ihre eigene Dynamik und ihre eigene gestalterische Kraft, die nicht vorher abzuklären ist. Das bedeutet, daß wir zu einem Traum eine Rahmenhandlung miteinander entwerfen oder daß sich eine bereit erklärt, diese Rahmenhandlung zu entwerfen. Innerhalb der Rahmenhandlung aber sind alle Frauen zu spontaner Kreativität aufgerufen. Ein wesentlicher Grundsatz ist es, daß Zeremonie nicht gleich Ernst heißt. Die Vorstellungen von Heiligkeit und Ernst blockieren die Kraft auf eine ungeheure Weise. Besondere Anteilnahme ist keine Sache der Jetzt-oder-nie-Anstrengung, der Schwere und der scheinbar ernsthaften Gewichtigkeit. All diese Vorstellungen von zeremonieller Handlung beanspruchen einen Großteil der Kraft, die dadurch nicht frei tanzen kann.

Diese Art Zeremonien setzt für manche Frauen eine lange Schulung voraus. Denn Grundbedingung dafür, Rahmenhandlungen und spontane Kreativität in besonderer Anteilnahme zu verbinden, ist es, sich in die eigene Mitte stellen zu können; ein Bewußtsein zu haben von den eigenen imprägnierenden und aufnehmenden Kräften und in der persönlichen Integrität angekommen zu sein.

Was ich also über unsere Zeremonien sage, setzt entweder voraus, daß alle anwesenden Frauen ihre Arbeit in den verzerrten Ebenen geleistet haben oder sich zumindest der eigenen noch zu vollbringenden Arbeit in dieser Ebene bewußt sind. Oder es setzt mindestens eine Anwesende voraus, die diese Arbeit geleistet hat und ein starkes Schild des Schutzes darstellt, das die Ebene der Verzerrungen unerbittlich bewacht.

Eine Zeremonie *gegen* etwas oder gegen eine Person ist unmöglich in den Ebenen der besonderen Anteilnahme durchzuführen, denn ich weiß um die Tatsache, daß mich nichts enger mit meiner »Gegnerin« verbindet als diese Zeremonie. Eine Zeremonie gegen jemanden oder etwas kann nur aus der Ebene der Verzerrungen heraus gestaltet werden. Das bedeutet, daß ich der eigenen Verzerrung Nahrung gebe. Mein Gegenzauber ist also wirksam. Aber eben nach beiden Seiten hin. Der Preis der Wirksamkeit für mich ist die Verankerung in der Ebene der Verzerrung.

Das Fluidum, die Trägersubstanz allen Lebens und jeder Ebene und damit auch jeder Zeremonie ist die Erotik, die elementare Lust oder Sinnlichkeit. Je befreiter diese Kraft von den gängigen

Vorstellungen ist, desto wirksamer, klarer und wohltuender ist das Ergebnis, die Veränderung durch die Zeremonie.

Weibliche Erotik ist verkrüppelt und verzerrt, dämonisiert und vergewaltigt worden, um sie zu domestizieren und in eine Richtung zu lenken, nämlich ausschließlich auf die Ernährung des Mannes hin. Weibliche Erotik ist ein »Lebensmittel«[13], das für alle Binde- und Löseprozesse Mittlerin ist. Sie richtet sich gegen sich selbst, wenn sie in der Domestizierung, der Ausrichtung auf männliche Werte und männliche Körper bleibt.[14] Die Richtung, die Erotik in Männern nimmt, ist tatsächlich ausgerichtet, entweder in einem Prozeß der Ablösung von der lebens- und todesspendenden weiblichen (ganzheitlichen) Kraft oder in der Bewegung zu ihr zurück, um wieder eins mit ihr zu werden.

Die Freisetzung weiblicher Erotik aus dem Bann dieser Gerichtetheit auf männliche Verkörperung hin ist im elementar weiblichen Kult ein wesentlicher Bestandteil der Heilung in der Ebene der Verzerrung. Dazu gehören auch die Entbindungen aus den inneren Vorstellungen von »heiliger Hochzeit« mit dem inneren Mann, dem Animus der Frau. Diese patriarchalen Gestaltungen unserer ursprünglichen, elementaren Lust sind Gefängnisse für eine neue Weltmöglichkeit, die es zu öffnen gilt.

TABU wird sichtbar,
und mit ihr kommt die
Kraft, die eingekerkert war –
dämonin, hexe, elfe,
kobold, alte, todin, percht.
unter kirchen, in käfigen
– golden, blechern, oder aus stein –
in vergessenen kammern verhungert,
auf marktplätzen geschleift,
geviertelt wegen ihres wissens und ihrer macht.

Zit. aus »mein begehren ist die erde«[15]

Zeremonie I

Auf dem Weg, die ALTE zu erinnern.

Tagebucheintragungen, August 1980: Trauer steigt und steigt. Bilder von Schmerz und Nicht-Anerkanntwerden im Blut. Mein Blut, mein Blut, das leuchtet in der Sonne. Ich träume: Ich bin eine alte Frau. Ich menstruiere zum letzten Mal. Gemeinsam mit anderen Alten bereite ich ein Fest vor. Wir werden unser Wissen an die Jungen weitergeben. Ana steht vor mir. Sie ist vielleicht 12 Jahre alt. Wir sind beide von brauner Hautfarbe. Die Szene scheint Jahrhunderte zurückzuliegen. Als die Initiationstänze beginnen, läuft Ana weg. Ich stehe mit dem Wissen meines letzten Blutes und kann es nicht weitergeben.

Danach kann ich mich über Tage nicht aus meiner Trauer lösen. Schäme mich, daß ich ohne Grund weine. Spüre Zorn und Wut neben der Trauer.

Ich rufe Luisa an. Wir haben uns Monate nicht gesehen. Keine weiß von der anderen, was sie gerade macht. Ich bitte sie zu kommen. Ich brauche ihre Hilfe. Sie kennt mich gut genug, um zu wissen, daß es ernst sein muß, wenn ich sie bitte. Noch am Abend ist sie da. 400 km gefahren, ohne weiter gefragt zu haben, nur mit dem Wissen, daß ich sie brauche.

In unserer Nähe gibt es einen Quelltopf, den die Einwohnerinnen »die schwarzen Kocher« nennen. Helga zeigt sie uns. Sie erzählt uns auch, daß die Zigeuner dort noch immer den ersten Neumond nach der Frühjahrs-Tagundnachtgleiche feiern.

Am Abend kehren wir, Luisa und ich, dorthin zurück. Es ist die Nacht vor der neuen Mondin. Wir laufen im Dunkeln. Es ist einfach. Wir brauchen dem Bach nur bis zum Ursprung zu folgen. Am Quelltopf suchen wir uns einen Platz zwischen den Büschen, die das Ufer säumen. Luisa hat ein paar Kraftgegenstände mitgebracht, die ihr alte Frauen in Afrika geschenkt haben. Sie legt sie sorgfältig auf die Erde. Ich habe einen bemalten Knochen mitgenommen, der in vielen Zeremonien als Verbindungsstück zur Anderswelt dabeigewesen ist. Ich klopfe damit den Rhythmus meiner Trauer, das Feuer meines Schmerzes, den Tanz meines Zornes.

Die Quelle ist eine einzige Stimme aus vielen Stimmen. Luisa und ich sind wie Kinder, wenn wir gemeinsam Zeremonien begehen. Es ist einfach und ruhig für mich in ihrer Nähe. Ich kenne die Geschichten ihrer Begegnungen mit alten Frauen in Afrika und hier. Ich weiß, daß sie die ALTE kennt und meinen Schmerz und meine Trauer und meinen Zorn begreift. Wir halten unsere Hände, sitzen miteinander verwoben, umgeben von den Kraftgegenständen, und lauschen den Stimmen der Quelle.

In den Büschen vor uns bewegt sich etwas. Wir heben gleichzeitig die Köpfe, kommen aus der Versunkenheit. Vor uns in den Zweigen sitzt eine uralte Frau, leicht wie eine Feder. Während wir sie aufgeschreckt betrachten, verändert sie sich, wird eine Eule. Aber nach einer Weile sitzt wieder die alte Frau in den Zweigen. Sie kichert ausgelassen und baumelt provozierend unbekümmert mit den Beinen. Sie lacht mich zärtlich aus. Ich fühle mich durch ihr Gekicher nicht verletzt. Es ist eine tiefe Zärtlichkeit darin. Dennoch, eindeutig lacht sie mich aus. »Ach, dies Geschrei von Ungeduld und Unwissenheit. Sieh her. Ich bin, und ich werde höchst lebendig immer sein. Hör auf zu heulen und finde mich. Ich geb' dir Zeichen für den Weg. Nutze sie. Aber nutze sie in der Haltung der baumelnden Beine. He.« Dann fängt sie wieder an zu kichern. »Jetzt siehst du genauso verschreckt aus, wie du es mir gegenüber nicht sein möchtest. Na denn, Schwesterchen, weg mit der Furcht und begehre mich, Großmaul.« Sie lacht so wild und schaukelt auf dem Ast, daß wir befürchten, sie könnte kopfüber in die Quelle fallen. Das scheint sie noch weiter zu erheitern. Ich spüre plötzlich meine eiskalte Hand in Luisas und daß ich ihr in der Aufregung meine Fingernägel in die Haut gegraben habe. In den Zweigen über uns schlagen Flügel. Eine Eule ist aufgeflogen. In den Ästen vor uns sitzt keine mehr. Wochen später, auf einer Podiumsdiskussion, kommt mir die Haltung der »baumelnden Beine« sehr gelegen. Die Frauen erschlagen sich argumentativ mit ihren jeweiligen Wahrheiten. Kein beruhigendes, kein klärendes Wort würde in diesem aggressiven gegenseitigen Besserwissen etwas nützen. Also lehne ich mich zurück und baumle mit den Beinen.

Zeremonie II

In einem schwäbischen Dorf wird samstags die Straße gekehrt. Das ist ein Brauch, der sich bis heute gehalten hat. Wer in einem schwäbischen Dorf leben will, ohne sich unnötigen Aggressionen auszusetzen, wird nicht umhin kommen, samstags die Straße zu kehren. »Puh, wie spießig«, sagen manche der Frauen, die zu uns kommen, »typisch Schwaben«, und sind dann erstaunt, wie selbstverständlich ich samstags die Straße kehre. Es ist nicht nur ein Kompromiß mit meinen Nachbarinnen, die auch die Straße kehren. Es ist meine Zeremonie, alles, was sich während der Woche an Unnützem gesammelt hat, auszukehren, Reinigungszeremonie.

Ich habe einen extra Besen dafür. Er ist wunderschön mit roten Borsten und langem, kräftigen Stiel. Ich beginne mit der Straße, die zwischen unserem Haus und der Kirche verläuft. Ich kehre vor der Kirche und vor unserem Vorgarten, in dem jetzt im April schon Tulpen und Krokusse blühen. Ich habe ein kleines, einfaches Lied, das ich dabei singe. Dann umrunde ich die Linde, von der die drei Wege abgehen. Ich mache gern rund um sie sauber. Wir haben ein inniges Verhältnis. Sie steht vor unserem Haus. Liebe und Schutz. Niemand kann direkt auf unser Haus zurasen. Immer muß man einen kleinen Bogen fahren, links oder rechts um die Linde herum. So kommen alle ein wenig langsamer an, als es üblich ist. Wir empfinden es als wohltuend.

Am Ende der Reinigung lande ich unweigerlich vor unserem Backhaus. Alle Gedanken, aller Unrat, aller Mist sind ausgekehrt, die in der letzten Woche um unser Haus geweht sind, sich angesammelt haben, liegengeblieben sind. Mein Besen und mein Lied haben Raum geschaffen zum Durchatmen. Wenn alles gekehrt ist, stehen meine Nachbarinnen und ich, auf unsere Besen gestützt, noch ein Weilchen zusammen. Samstagszeremonie.

Vorbereitung auf ein Ritual. Ein Seminar für Frauen. Seit drei
Tagen bereiten sie sich vor. Die Wintersonnenwende will ge-
bührend begangen werden. Sie machen sich schön. Der Ablauf
des Rituals ist besprochen. Die Kerzen brennen. Die Trommeln
stehen auf ihren Plätzen. Die Frauen sind konzentriert – wie sie
es gelernt haben, konzentriert und ernst. Die ersten Trommeln
beginnen, manche machen Töne. Die meisten haben die Augen
geschlossen.
Mara fällt plötzlich der Brummkreisel in der Spielkiste ein – sie
schleicht hinaus. Das Türeschließen irritiert bereits einige. Der
Kreisel ist schnell gefunden. Sie schleicht herein. Das Türeöff-
nen irritiert wieder einige. Der Brummkreisel kreiselt. Mara ist
entzückt. Eine tiefe Zärtlichkeit erfaßt sie – ungerichtet – einfach
da. Einige Trommeln brechen ab. Die Stimmen verstummen.
Die Augen der Frauen sind jetzt alle geöffnet und mit Vorwurf
und Ärger auf Mara gerichtet. Das Ritual ist unterbrochen.
Mara hat gestört. Wie konnte sie! Die heilige Intensität des Rituals ist dahin, die Versenkung durch einen Brummkreisel unterbrochen.
Mara ist verstört. Sie wollte wohl das Ritual nicht machen, sagt
eine in dem fragenden Ton, der längst Antwort weiß. Und nun
habe sie unbewußt und ohne nachzudenken das Ritual gesprengt. Schuld überkommt Mara. Wovor hatte sie Angst, bitte
sehr, daß sie allen das Ritual verpatzen mußte? Jetzt weiß sie
nichts mehr. In ihrem Kopf wird es dunkel und wirr. Sollte die
Freude am Brummkreisel gar keine wirkliche Freude gewesen
sein? War es nur die Angst – vor was eigentlich –, die sie nicht
hat fühlen wollen? Die Leiterin des Seminars fragt freundlich, ob
sie sicher sei, daß sie bei diesem Ritual mitmachen wolle – ob es
nicht ein Signal sei, daß sie gar nicht bereit sei, sich auf dieses Ritual einzulassen? Mara nickt – ja, es scheint so, ja, vielleicht
wollte sie gar nicht an diesem Ritual teilnehmen. Beschämt und
schuldbeladen geht sie auf ihr Zimmer. »Es wird für alle so stimmen«, sagt die Leiterin. Die Frauen nehmen die Unterbrechung

an. Mara ist verschwunden. Sie beginnen von neuem. Keine stört mehr die ernste Konzentration.

Mara hat sich aufs Bett gelegt – noch immer fühlt sie sich verwirrt. Sie starrt an die Decke; ihr ist, als wandere sie in ganz andere Räume.

Vorbereitung auf ein Ritual. Die Frauen machen sich schön. Der Sinn des Rituals scheint klar. Kerzen brennen. Trommeln stehen an ihren Plätzen. Jede sammelt sich. Eine liegt ausgestreckt auf dem Boden, atmet langsam. Eine hat sich über ihre Trommel gebeugt, liegt fast auf ihr, streichelt sie. Zwei sitzen sich gegenüber, die eine beginnt der anderen das Gesicht zu bemalen. Eine umwandert alle Frauen in einem Kreis, fast unruhig, sich immer wieder schüttelnd, so, als warte sie auf etwas. Zwei haben sich ihre Trommeln umgebunden, sie stehen ganz still, die Hände auf den Trommeln, wie Blätter, leicht und ruhig. Die an der großen Trommel richtet sich langsam auf, aus dem Streicheln wird ein Ton, schscht, schscht, schscht. Mara denkt an den Brummkreisel. Wieder läuft sie hinaus. Wieder kommt sie zurück. Ein kurzer Blick von der Frau an der großen Trommel. Aha, ein kurzes Lächeln. Die Hände bewegen sich weiter. Der Brummkreisel brummt. Eine Trommel antwortet. Eine Frau beginnt zu lachen, lauthals, hüpft und springt und lacht. Die große Trommel stimmt ein, lachende Trommel. Die, die vorher gewandert ist, beginnt zu tanzen, um den Brummkreisel herum, um die Frauen herum. Willkommen, Mara.

Schülerinnen/Lehrerinnen

Das Verhältnis von Schülerin und Lehrerin ist eines der schwierigsten Beziehungssysteme, die ich in unserer Kultur kenne. Es birgt eine Unzahl mißverständlicher und degenerierter Vorstellungen, kaum weniger als das Verhältnis zwischen Liebenden. Wenn Frauen zu mir oder einer anderen Frau aus unserem Kreis kommen, um hier Schülerin sein zu wollen, beginnt das Dilemma bereits. Sie verbinden mit Schülerin von vornherein *die Unwissende* und die *Ohnmächtige* und begegnen der Lehrerin als der *Wissenden* und der *Mächtigen*. Das Verhältnis von Macht untereinander ist, vielleicht in Deutschland mehr als anderswo, ein so pervertiertes, daß es uns nicht wundern muß, wenn wir alle keine klaren Vorstellungen und vor allem keine stärkenden Vorstellungen von Macht mehr besitzen.

Eine Schülerin, die so sehr damit beschäftigt ist, ihre Lehrerin als mächtig und sich als ohnmächtig zu betrachten, ist nicht in der Lage, wirklich das zu lernen, was sie lernen will. So kann sie ihre eigene Potenz und die daraus resultierende Mächtigkeit des Handelns nicht erfahren. Sie ist gefangen in den täglichen Arbeiten ihres Gefühls und ihrer Gedanken, des Sich-ohnmächtig-Fühlens; sie muß beobachten, ob die Lehrerin nicht doch auch fehlbar (d. h. meist, genauso ohnmächtig) ist. Ihre kreative Potenz, die sie eigentlich zum Lernen bräuchte, steckt in diesen irrealen Auf- und Abbauten von sich und anderen.

Ich nenne dies das Stadium des Vorfeldes, und das Stadium des Zögerns, da alle Kraft für das Auf- und Abbauen eines Podestes für die Lehrerin und die inneren Dialoge über die eigene Fähigkeit und Unfähigkeit aufgebraucht wird.

Bei dem Verhältnis von Schülerin und Lehrerin geht es nicht darum, die Lehrerin toll zu finden, als eine zu betrachten, die es kann, und dann enttäuscht festzustellen, daß sie Kratzer in einem Image hat, das die Schülerin ihr meist selbst verliehen hat. Es geht auch nicht um die Leistung als Schülerin, die sie erbringt oder nicht erbringt. Es geht einfach darum, die weiblichen Gesetze kennenzulernen und den eigenen Ausdruck dieser Gesetze zu finden.

Dafür gibt es Frauen, die eine in Situationen bringen können, in denen sie diese Gesetze wiedererinnern kann und die sie zu ihren eigenen, nur ihr gemäßen Ausdrücken anregen können. Als Schülerin gibt eine der Frau, die sie zur Lehrerin wählt, als Vorgabe weder die Vorstellung, daß sie alles weiß, noch daß sie alles kann, noch daß sie mächtiger ist als sie selbst. Der Bonus, den sie selbst braucht, um kreativ lernen zu können, heißt Vertrauen.

Dieses Vertrauen geht in zwei Richtungen. Einmal ist es ihr Vertrauen, in sich zu spüren, was sie wirklich in ihre eigene Mitte, zu den weiblichen Gesetzen führt. Zum anderen ist es das Vertrauen in das Wissen und die Fähigkeit der Lehrerin, sie ein Stück des Weges zu begleiten und zu führen, um sie an die Gesetze weiblicher Magie zu erinnern, die in all den Jahrtausenden männlicher Magie verschwiegen wurden und in unserem eigenen Bewußtsein verlorengegangen sind.

Keine außer der Schülerin selbst ist es, die beschließt, sich wieder handlungsfähig zu machen nach den eigenen, weiblichen, elementaren Grundsätzen und dafür jede ihr notwendig erscheinende Hilfestellung anzunehmen, die sie in diese Lage versetzt. Das gleiche gilt für die Frau, die die Position der Lehrerin innehat. Positionen wechseln und sind nicht lebenslänglich statisch, dies ist auch einer der Trugschlüsse in diesem Verhältnis, deren erster Satz heißt: Gefolgschaft macht nicht satt.

Auch für die Lehrerin geht es nicht um eine Position, eine Rangfolge, sondern um die Vermittlung der elementaren Gesetze. Jede Schwester, die sie gewinnt, die ebenfalls in der Lage ist, diese Gesetze wiederzuerinnern und in ihnen zu handeln, ist ihr Stärkung. Es kann also nicht ihr Interesse sein, »recht« zu haben oder besser zu wissen, sondern das Gesetz zu vermitteln, nur dies und nichts daneben. Sobald eine von beiden damit beschäftigt ist, darauf zu achten, ob die andere sie so mag, gut findet, sie akzeptiert oder nicht, ist sie im Vorfeld angekommen. Das heißt, in ihrer eigenen geschlossenen Welt, in der sie nicht mehr wirkungsvoll kommunizieren kann. Sie steht dann nicht mehr wirklich im Bezug zur anderen, sondern ist in ihren eigenen Verwirrungen und unwesentlichen Ebenen angekommen. Wenn ich unwesentlich sage, dann meine ich den Sinn des Wortes Unwesen.

Als Schülerin erteile ich der Lehrerin Autorität – ich suche sie mir aus. Keine ist berechtigt, meine Lehrerin zu sein, mich belehren zu wollen, ohne daß ich sie darum gebeten habe. Ich bin nicht der Lehrerin verpflichtet, sondern lediglich meinem eigenen Drang, das elementare Gesetz zu erinnern. Als Lehrerin nehme ich die erteilte Autorität an; es ist keine Frage der persönlichen Befriedigung, sondern eine Herausforderung an meine Klarheit, das elementare Gesetz zugänglich zu machen. Ich bin nicht der Schülerin verpflichtet, sondern dem Gesetz, das sie sucht.

Nichts an den Begriffen Schülerin und Lehrerin ist absolut, keine Frau ist in allen Bereichen ausschließlich Schülerin, und keine ist immer nur Lehrerin. Es gibt unterschiedliche Arten zu lernen und unterschiedliche zu lehren.

Manche von uns sind Lehrerinnen, indem sie das tun, was sie immer tun, und uns teilhaben lassen. Die, die sich in diesem Fall als Schülerin definiert, kann einfach durch das Teilhaben Erinnerung in sich wecken und auf diese Art und Weise lernen.

Mann hat uns gesagt, daß es Schwäche ist, nicht zu wissen. Aber hier in unserer »Schule« haben wir miteinander endlich erfahren, wieviel Stärke eine Frau hat, die sich an die Hand nehmen läßt, die sich öffnet, um zu lernen.

II

Bausteine, mit denen wir spielen

Das Spiel mit der Acht

Die Grundbedeutung der Jahreskreisfeste

> Wir haben den Kern und die Unendlichkeit
> unseres eigenen Anliegens aus den
> Augen verloren.
> *Zit. aus Robin Morgan: »Anatomie der*
> *Freiheit«*[16]

Rätsel

Wer ist die Geliebte der Erde,
die in der Maske der Vogelfrau
freizügig
singt,
um der Welt das Lied zu geben,
worauf sie so lange
schon wartet,
ohne zu wissen warum?

Der Jahreszyklus ist ein Kultspiel, das – über große Teile der
Welt verbreitet – den Kreislauf natürlichen Werdens und Verge-
hens materieller Substanz beschreibt. Je nach den historischen
und den kulturell-religiösen Gegebenheiten wird die schöpferische Potenz der Mitspielenden/Mitlebenden in unterschiedliche
Symbole und Abläufe gebunden. In diesem Buch ist dieses Kultspiel als Initiationsweg für Frauen aufgebaut. Frauen erreichen
ihre Ganzheit und ihren Einklang mit dem Gesetz auf andere
Weise als Männer.
Die uns bekannten Formen dieses Kultspieles reichen von den
späten Matriarchatsformen bis hin zu den geschrumpften und
nur noch angedeuteten Symbolen in der christlichen Tradition.
In den kultischen Einweihungszeremonien später Matriarchate
rankt sich weibliche Kraft um den Mannmensch. Prüfungen,
Übertragungsriten, Einweihung ist auf den Heros ausgerichtet.
Er, der Sohn-Geliebte, soll einbezogen werden in das Wissen der
Großen-Mutter-Frau.
In der christlichen Tradition sind nur noch Rudimente des Jahreskreises zu erkennen – und sie sind völlig aus dem Kontext
weiblicher Kraft gerissen; beschreiben lediglich noch die Bewegung des Sohnes, unabhängig von seinem weiblichen Geburts-
ursprung.
Bei den neueren Kulturen, wie dem Wiccakult, werden die Jahresfeste als Fruchtbarkeits- und Erdzyklen gefeiert und durch die

symbolischen Gestalten der hohen Priesterin und des gehörnten Gottes dargestellt. Ähnliche Zeremonien sind aus dem alten germanischen Raum bekannt, und die Kultgestalten der damaligen Zeit waren Odin und Freya.

Im vorliegenden Kultspiel geht es nicht um die vermeintliche Polarität Frau-Mann oder Leben-Tod, sondern um die Wiedererinnerung weiblicher Ganzheit, in deren Verlauf deutlich erfahrbar wird, daß weibliche Kraft die ursprüngliche Quelle der Einheit in sich trägt. In dieser Vorstellung geht es nicht um weibliche und männliche Kräfte, sondern um die Wahrnehmung, daß »alles aus den Frauen geboren wird, auch das, was Männer erfinden«[17] und daß »alles durch die Frau gestorben wird, auch das, was Männer ermorden«.

Die Frau in ihrer Struktur ist das Spiegelbild der Göttin oder der Ganzheit. Der Mann ist ein Teil von ihr, ein Wesen ihrer »Äußerung«, so, wie er körperlich auch nur aus der Frau geboren werden kann. Ursprünglich ist das Embryo in den ersten sechs Wochen des Wachsens im Mutterleib weiblich, jedes Embryo, auch das, das sich später zum männlichen Körper entwickelt. Genetisch ist kein Lebewesen körperlich lebensfähig ohne ein X-Chromosom, also ohne die ursprünglich weibliche Information. Aus der Biochemie wissen wir, daß Embryos, die nur Y tragen, noch im Mutterleib sterben, daß aber ein Lebewesen, das anstelle von XX oder XY nur ein X trägt, sehr wohl lebensfähig ist. Dies sind lediglich deutliche Aussagen in physischer Materie, die ein energetisches Grundgesetz veranschaulichen.

Diese Wahrheit bedeutet nicht, daß Männer zweitrangige Menschen sind, wie es vielleicht Menschen mit faschistoiden Vorstellungen und Wertungen sehen würden. Sie sind Wesen, die sich für eine Inkarnation entschlossen haben, die die Erfahrung des Teiles und nicht des Ganzen macht. Fatal daran ist nur, daß diese Erfahrung, »ein Teil zu sein«, sich als *die* Welterfahrung und *das* Gesetz durchgesetzt hat. Selbst wir Frauen gehen von der Wahrnehmung aus, »ein Teil zu sein«, anstatt uns als Spiegelbild zu erfahren und unseren eigenen Gesetzen nachzugehen. Um diese Erfahrung wieder greifbar zu machen, habe ich dieses Spiel aufgeschrieben; damit Frauen anhand der Feste den Weg der Frau gehen, das uralte Wissen der Frau wiedererinnern und handhaben lernen.

Die Gegenstände, Symbole, Gestalten und bekräftigenden Zeremonien, die in diesem Spiel vorkommen, sind nicht beliebig. Dennoch sollte für jede Frau offenbleiben, sich z. B. nur mit einem der Gegenstände das ganze Jahr hindurch zu befassen oder einen anderen Gegenstand zu wählen, der in ihren Träumen und Visionen nach ihr ruft. Sara-Ester, mit der ich gemeinsam diese vier Gegenstände ausgewählt habe und die die Zeichnungen für dieses Buch gemacht hat, ich und einige unserer Gefährtinnen haben zusammen diesen Weg beschritten, den ich hier beschreiben und weitergeben will.

Unser Spiel ist eines unserer Zeit. Denn wir gehen damit den Weg der Einweihung, während wir die heiligen Gegenstände, die einst Frauen gehörten, zurückholen. Diese Gegenstände, so wird in vielen Mythen auf dem ganzen Erdball erzählt, waren einst in Frauenhänden, entweder von ihnen selbst gefertigt oder ihnen von Göttinen geschenkt. Nach langer Zeit wurden sie ihnen von Männern geraubt, und bis heute ist in vielen Kulturen bereits das Sehen oder Hören, in jedem Fall aber der Gebrauch dieser heiligen Gegenstände für Frauen unter Todesstrafe verboten.

Wir werden sie uns nicht zurückerobern – wie eine Beute, noch werden wir sie uns als Geschenk geben lassen, denn ein rechtmäßiger Besitz kann uns nicht geschenkt werden. Wir werden sie wieder handhaben und verwalten, indem wir sie erinnern und anfertigen und mit Kraft versehen.

Eine Ebene dieser heiligen Gegenstände ist immer unverletzt und unberührt bei den Frauen geblieben. Allerdings haben auch wir Frauen kein Bewußtsein mehr von dieser Ebene.

Es ist aber nicht nur ein Spiel unserer Zeit. Es ist auch ein zeitloses Spiel. Denn die Symbole, die Bewegungen, die Kräfte und die Gegenstände waren, sind und werden immer sein, so daß wir durch den Akt des Wiedererinnerns unserer spezifischen Zeit zwar einen Ausdruck verleihen, uns aber gleichzeitig in das uralte Gesetz der Frauen einbinden, das außer in unserem Bewußtsein und in der Ebene, die wir Wirklichkeit nennen, niemals unterbrochen war.

Natürlich ist der eigene Weg nicht bereits nach Durchlaufen eines einzigen Jahreszyklus beendet. Ich sage es eher aus meiner Erfahrung heraus, daß wir in dieser schnellebigen Zeit keine Zärtlichkeit für Ausdehnung und Entfaltung aufbringen. Wie oft erlebe ich es, daß eine Frau kommt und »schnell« lernen möchte. Sie hat die Vorstellung, alles, was sie an Struktur mitgebracht hat, soll innerhalb eines Seminars durch eine Art Blitzerleuchtung verändert werden – sie möchte als ein anderer Mensch fortgehen.

Ich verstehe diesen Wunsch. Aber sie ist es, die sich verändert, die sich verwandelt, die lernt, in ihre Welt neue Erfahrungen einzubeziehen, und dies alles braucht eine Zeit der Entfaltung, wenn es nicht nur auf einer Bewußtseinsebene einmal wahrgenommen wird und dann noch nicht in das alltägliche Leben integriert werden kann. Eine gewaltsame, schnelle Erfahrung kann mehr schaden als nützen, so daß sie unser Bewußtsein weiter auseinanderreißt, als daß sie Ebenen verbindet. Zeit, wie wir sie heute kennen, scheint etwas zu sein, von dem wir immer zu wenig haben – wir kennen Zeit fast nur noch im Zusammenhang mit Ungeduld, manchmal mit Totschlagen, wenn wir nicht wissen, was wir mit ihr anfangen sollen, oder als etwas, das uns hetzt. Dabei ist irdische Zeit ein Wesen, das mit Rhythmus, mit Entfaltung und mit Heilen zu tun hat – eine weise Ratgeberin, für die wir fast taub geworden sind.

So ist es auch beim Jahreszyklus. Ein Jahr lang diese Feste zu feiern und sich so ihrer Kraft zu öffnen ist bereits viel. Wir haben erfahren, daß die mittlere »Lehr- und Gesellinnenzeit« acht Jahreszyklen beträgt, d. h., daß achtmal acht Feste bewußt gelebt und gestaltet werden.

Spiel in seiner etymologischen Bedeutung kommt wahrscheinlich von »Tanz, tänzerischer Bewegung« und heißt von Anfang an auch »fröhliche Übung«. Bevor wir in dieses Spiel der acht Feste weiter einsteigen, sollten wir uns diese Bedeutung zu eigen machen. Ein Spiel ist nichts, was ich einfach, weil's mir grade nicht paßt, unterbreche oder von dem ich weggehe, weil es mir unbequem ist. Spiel hat also nichts mit Oberflächlichkeit zu tun.

Aber wir sollten uns immer wieder darauf überprüfen, ob wir noch tanzen und fröhlich üben oder ob unser Spiel zum Dogma gerinnt. Ob wir, anstatt beweglich zu bleiben, beginnen, Festschreibungen daraus zu machen. Diese Leichtigkeit (im Gegensatz zur Oberflächlichkeit) widerspricht nicht der Tatsache, daß wir dieses Spiel sowohl verantworten als auch mit unserem ganzen existentiellen Sein spielen müssen – nicht halbherzig und mal eben reinriechend, sondern mit unserer ganzen Lust und unserem ganzen Einsatz.

> Vergeßt nicht, daß Magie sehr kompliziert wird, wo das Gesetz der Freiheit das erste Gesetz ist. Deshalb müßt ihr euch an dieses Gesetz der Freiheit auf jeder Stufe eurer Existenz erinnern, in allen Verbindungen mit Menschen oder jedem anderen Leben. Auf jeder Stufe ist Freiheit das erste Gesetz. Und wenn ihr euch an das Gesetz der Freiheit erinnert, werdet ihr nicht versuchen, jemand anderen zu manipulieren oder über jemanden die Macht ergreifen zu wollen. Denn die Person, die dieses Gesetz kennt, fällt auch unter dieses Gesetz. Welche es falsch anwendet, ist die erste, deren Freiheit eingeschränkt wird.
>
> *Aus einem Interview mit Mello Rye, einer Sonnenpriesterin der Gruppe »mothers garden«*[18]

Wie viele Prozesse der Wirklichkeit, die wir nicht mehr bewußt wahrnehmen, so ist auch die verdichtete Kraft dieser acht Feste immer vorhanden. Die Bewegung der Kraft in dieser Zeit ist wirkungsvoll, ist wirklich, auch ohne unser bewußtes Feiern oder unser bewußtes Ausdrücken. Die Acht ist eine Zahl des ursprünglichen vollständigen Rhythmus der Welten. Wir finden sie in vielen Bereichen, die lebendigen Rhythmus ausdrücken.

Die beiden X-Chromosomen ergeben das Rad der Acht, wenn sie aufeinander projiziert sind und ineinander agieren – also in der Wahrnehmung des Ungetrenntseins, des Ungespaltenseins.

Die Acht finden wir auch in einem der ältesten Orakel der Welt, dem I-Ging, als die ursprünglichen Seinszustände, aus denen sich alle anderen zusammensetzen – diese vielfältigen Möglichkeiten ergeben die Zahl 64, also achtmal die Acht.

Wir finden diese Zahl auch in unserer Erbinformation, die aus acht Kodierungsmöglichkeiten besteht, in deren *alle* lebendige, verkörperte Information enthalten ist, die es gibt. Auch hier ergeben die möglichen Zusammensetzungen dieser Information die Zahl 64, also achtmal die Acht.

In Südindien, so habe ich gehört und gelesen, steht ein altes Heiligtum, ein Rundtempel, in dem die 64 Aspekte der Dakinis, der Himmelsreiterinnen, als Statuen im Kreis angeordnet sind.

In vielen esoterischen Lehren heißt es, ein Reinkarnationszyklus ist nach 64 Inkarnationen durchlaufen.

Die acht Stationen der Jahresfeste sind wie eine in Zeit und Raum ausgebreitete Bewegung dieser Grundgesetze.

Um ein wenig zum Jonglieren in diesem Spiel anzuregen, zeichne ich auf den nächsten vier Seiten mehrere Figuren auf, mit denen eine spielen kann. Sie scheinen einander zu widersprechen, aber sie sind alle gültig in einem Spiel mit Paradoxen, das wir auf dem Weg der weiblichen Initiation wiedererlernen, um nicht im Dualismus des Entweder–Oder verhaftet zu bleiben.

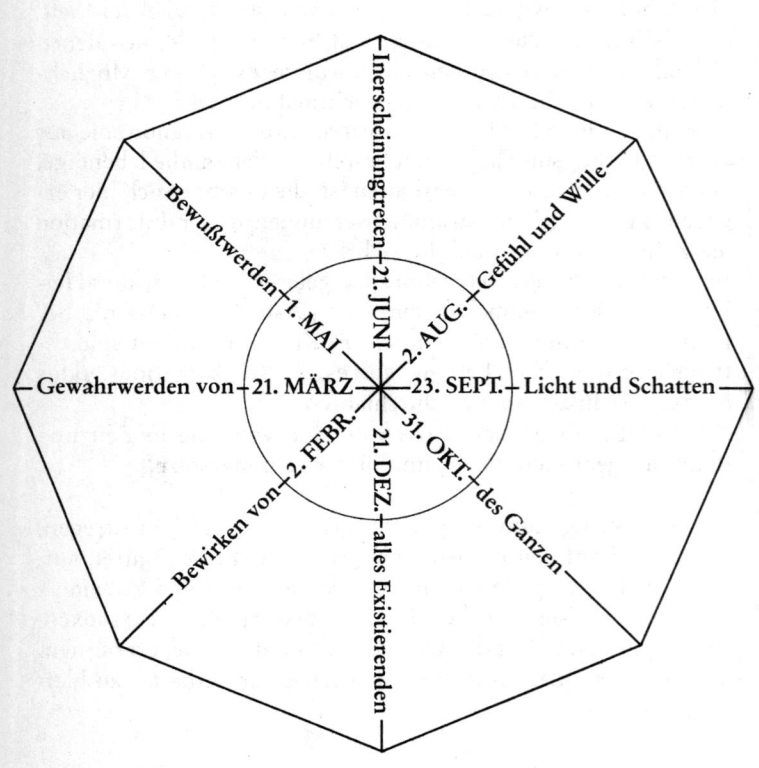

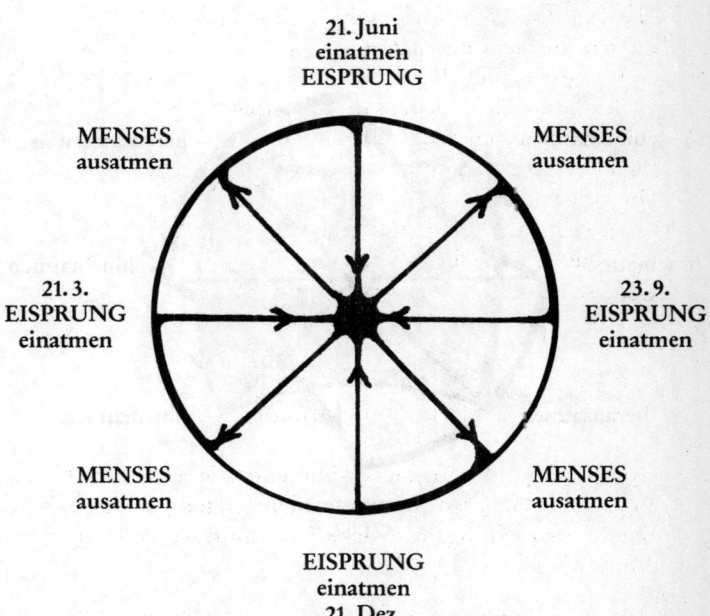

ATEM UNSERES SPIEGELBILDES
AUS DER ANDERSWELT

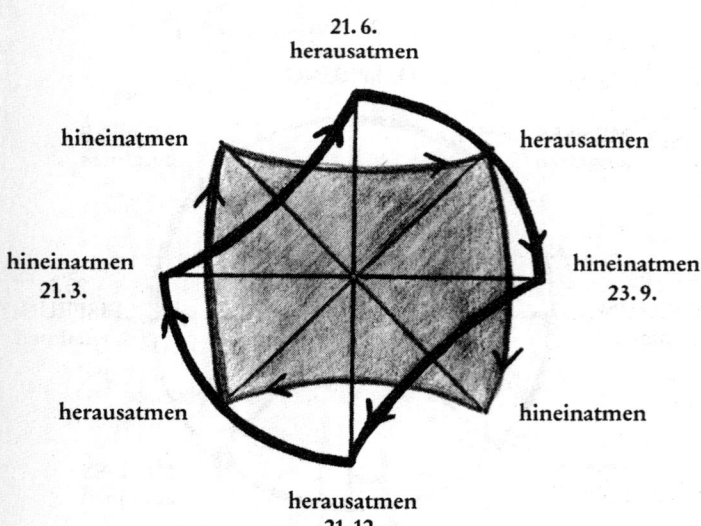

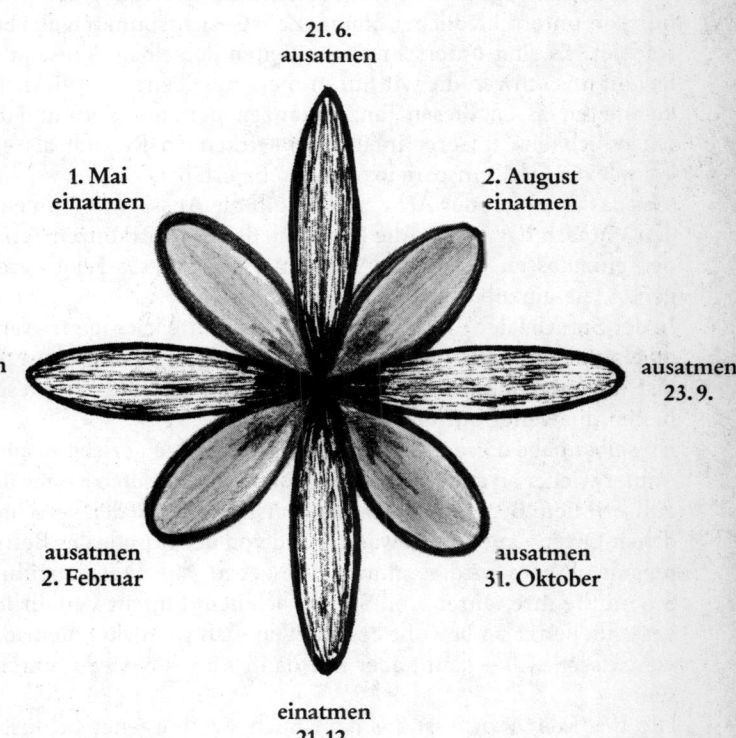

21. 6.
ausatmen

1. Mai
einatmen

2. August
einatmen

einatmen
21. 3.

ausatmen
23. 9.

ausatmen
2. Februar

ausatmen
31. Oktober

einatmen
21. 12.

Immer wieder fallen solche Analogien auf, die sich um die Zahl Acht und ihre Potenzierung in der 64 ranken.

Alle Prozesse, alle Wirklichkeit ist paradox. Bei den Zeichnungen auf den Vorseiten kann es so aussehen, als hätten sie widersprechende Aussagen. Tatsächlich wird die Bewegung der Kraft nur von unterschiedlichen Raum-Zeit-Gesichtspunkten aus betrachtet. Es sind unterschiedliche Seiten derselben Aktivität.

Es fällt uns schwer, die wir nur immer eine Ebene der Wirklichkeit gelten lassen, diesen Tanz zu tanzen, der »den Kern und die Unendlichkeit« unserer ineinander wirkenden Realität als ein komplexes Feld, ein paradoxes Gewebe erfährt.

Was das Spiel mit der Acht angeht, gilt die Aussage: Wenn eine den Wunsch hat, sich in die Dynamik dieser Kraftkonzentrationen einzulassen, so ist die Anziehungskraft dieses Feldes groß genug, sie einzubeziehen.

In der Sprache der Bilder und Märchen könnte ich sagen: Wenn du einmal bei den Schwestern der Traumzeit angeklopft hast, so bist du aufgenommen, und sichtbare und unsichtbare Wesen helfen dir weiter auf deinem Weg.

Ich selbst habe diese Erfahrung gemacht, und ich erlebe es auch immer wieder an anderen Frauen. Es ist, als habe die »Runde der Führerinnen, Begleiterinnen, der Meisterinnen an den verschiedenen Orten« auf eine gewartet, und von der Stunde des Betretens des Weges wird es immer eine geben, die sie weiterführt. Sie müßte ihre Ohren und Sinne nach dem Eintritt willkürlich verschließen, also bewußt beschließen, daß sie nichts mehr davon wissen will – dann, aber nur dann wäre sie wieder entlassen.

Die Wahl der Worte ist aus dem Buch »Verborgener Schlüssel zum Leben, Weltformel I-Ging im genetischen Code« von Martin Schönberger entlehnt. Ich habe es gewählt, weil es in der klaren Formulierung des I-Ging bereits viel von der Dynamik, den Themen der Feste anklingen läßt und jeder Frau, von den Worten ausgehend, genügend Freiheit gibt, dem für sie augenblicklich wahrnehmbaren Sinn nachzuspüren.

Die Beziehung zwischen dem 31. 10. (Halloween) und dem 1. 5.
(Walpurgis):
Das Bewußtwerden des Ganzen
Auf dem Weg der Initiation bedeutet diese Achse, daß wir ler-
nen, Gespaltenes in unserem Bewußtsein aufzuheben und uns
als ganz zu erfahren – materiell und geistig zu Hause im Körper –
und körperlich-sinnlich wahrzunehmen, daß wir gleichzeitig
auch noch auf einer anderen Ebene zu Hause sind. Mit unseren
Sinnen nehmen wir die Ganzheit der Welt wahr, in unserem
Körper ist die Anderswelt.

Die Beziehung zwischen dem 21. 12. (Wintersonnenwende) und
21. 6. (Sommersonnenwende):
Das In-Erscheinung-Treten alles Existierenden
Auf dem Weg der Initiation bedeutet diese Achse, sowohl die
vielfältige, sichtbare Erscheinungsform wahrzunehmen als auch
ihre vielfältige, unsichtbare Grundform darin zu erkennen. Wir
sind Tod und Leben und das Feld, in dem sich die Erscheinungsformen wandeln.

Die Beziehung zwischen dem 2. 2. (Brigit) und dem 2. 8. (La-
mas):
Das Bewirken von Gefühl und Wille
Für die Initiandin ist das Grundmotiv dieser Achse, Bewirken,
mächtiges Handeln auf anderen Ebenen wahrzunehmen als auf
der uns vermittelten. Wirksamkeit hat viel mit Weben zu tun.
Bei einem haltbaren Gewebe ist der Unterfaden kaum zu sehen.
Der Wille fällt in die Weite des Wunsches. Das Gefühl ertastet
den heilsamen, mächtigen Weg.

Die Beziehung zwischen dem 21. 3. (Frühjahrstagundnachtglei-
che) und dem 23. 9 (Herbsttagundnachtgleiche):
Das Gewahrwerden von Licht und Schatten
Licht und Schatten sind eins – wir lernen das dunkle Licht und

das lichte Dunkel kennen. Diese Achse bedeutet für die Initiandin *mehr*, als in der Polarität von *LICHT BEDINGT SCHATTEN*
zu verharren. Wir sind zwei. Wir sind ganz.

FRAU (MENSTRUATION UND EISPRUNG)

Das zweite Bild entspricht dem weiblichen, psychischen Rhythmus von Menstruation und Eisprung. Ebensogut könnten wir
vom Rhythmus des Ein- und Ausatmens sprechen, einen Rhythmus, über den wir schon nicht mehr nachdenken und dessen Fähigkeit uns mit der Außenwelt eins sein läßt.
Dem Sonnenkreuz von Tagundnachtgleichen und Sonnenwen-
den ist die energetische Bewegung des Eisprungs zugeordnet.
Dem Mondkreuz der vier Sabbate ist die Menstruation zugeordnet. Stellen wir uns vor, wir seien eine Schwingtüre für die
Kraft. Die unsichtbare Kraft, die sich verkörpern möchte,
schwingt am stärksten durch unseren Körper in die Materialisa-
tionsebene, während wir unseren Eisprung haben. Wir sind gewohnt, Eisprung nur im Zusammenhang von heterosexueller
Fortpflanzung wahrzunehmen. Wir haben verlernt, daß diese
körperliche Äußerung nicht nur dafür Möglichkeit und Symbol
gleichzeitig ist, sondern daß »alles aus den Frauen geboren
wird...« Alle Materie auf dieser Erde nimmt diesen weiblichen
Weg, folgt dem energetischen Zustand des Eisprungs, der unge-
formte Energie anzieht.
Genau dasselbe gilt für die Menstruation. Das monatliche Blut
ist eine Art der immer wiederkehrenden Darstellung weiblicher,
auflösender Kraft. Ohne dieses Feld der Anziehung aus der Anderswelt kann sich Materie auf Erden nicht auflösen. »Alles wird
durch die Frau gestorben...«
Für unser Spiel mit der Acht bedeuten diese rhythmischen Bewegungen eine Art der Anziehung: einmal in die Erscheinungsformen materieller Welt hinein – im Eisprung; und in die nicht-
materielle Form, in die Erscheinungsformen der Anderswelt
hinein – während der Menstruation. Wir sind überall zu Hause,

auch wenn wir es nicht mehr gewohnt sind, weil wir die Anderswelt seit unendlichen Zeiten nicht mehr mit Bewußtsein betreten haben und uns deshalb kaum erinnern, wo die inneren und äußeren Türen dorthin sind und wie wir sie öffnen können, ohne uns in eine Verwirrung zu stürzen, die in unserer Gesellschaft als verrückt bezeichnet wird.

ATEM UNSERES SPIEGELBILDES AUS DER ANDERSWELT

Bei diesem Bild verfolge ich den Atem in der sichtbaren

und der unsichtbaren Ebene der Erde.

ATEM DER ERDE

Im folgenden Bild können wir uns vorstellen, wie die Erde selbst atmet. Während am Nordpol sozusagen Sommersonnenwende ist, ist gleichzeitig am Südpol Wintersonnenwende. Dieses Bild zeigt die Gleichzeitigkeit; Ausatmen erfolgt nicht auf Einatmen, sondern während ein Wesen an einem Pol einatmet, atmet es am gegenüberliegenden aus. Diese Figur zu meditieren ist ein gutes Mittel, um über die Philosophie der Bedingtheit (Gut bedingt Böse, Hell bedingt Dunkel, Liebe bedingt Haß etc.) hinauszuwachsen. Für diejenigen, die sich mit den Elementen in der Astrologie beschäftigen, sei ein fünftes Diagramm hinzugefügt – um dem Spiel noch einige erweiternde Qualitäten hinzuzufügen (Abbildung *Astrologisches Kreuz*).
Und um der Spielfreude keinen Abbruch zu tun, will ich auch das I-Ging (in der außerweltlichen Ordnung) hinzufügen (Abbildung *Das Kreuz der Trigramme*).

Manche Frauen finden den Zugang zu der Qualität einer Kraft allerdings wesentlich leichter, wenn sie sich in schamanischen Wirklichkeiten ausdrückt, und so will ich auch dieses Bild und die dazugehörigen Zuordnungen nicht außer acht lassen (Abbildung *Das Kreuz der Schamanin*).

All diese Bilder sollen nicht dazu dienen, Verwirrung zu stiften. Für manche Frauen ist es ein sinnliches Vergnügen sich auf diese Weise inspirieren zu lassen. Andere nehmen sich eins der Bilder heraus und gehen den eigenen Empfindungen anhand dieses einen Bildes nach. Ich hoffe sehr, daß meine Leserinnen dem angebotenen Spielmaterial gegenüber respektlos genug sind, für sich das herauszusuchen, was sie im Augenblick am meisten anzieht, und alle anderen Betrachtungsmöglichkeiten außer acht zu lassen.

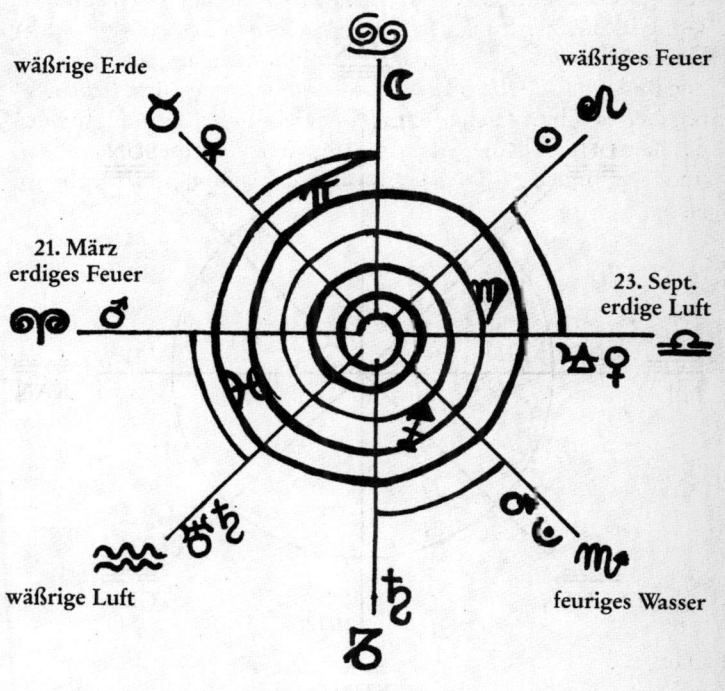

21. Juni
erdiges Wasser

wäßrige Erde

wäßriges Feuer

21. März
erdiges Feuer

23. Sept.
erdige Luft

wäßrige Luft

feuriges Wasser

feurige Erde
21. Dezember

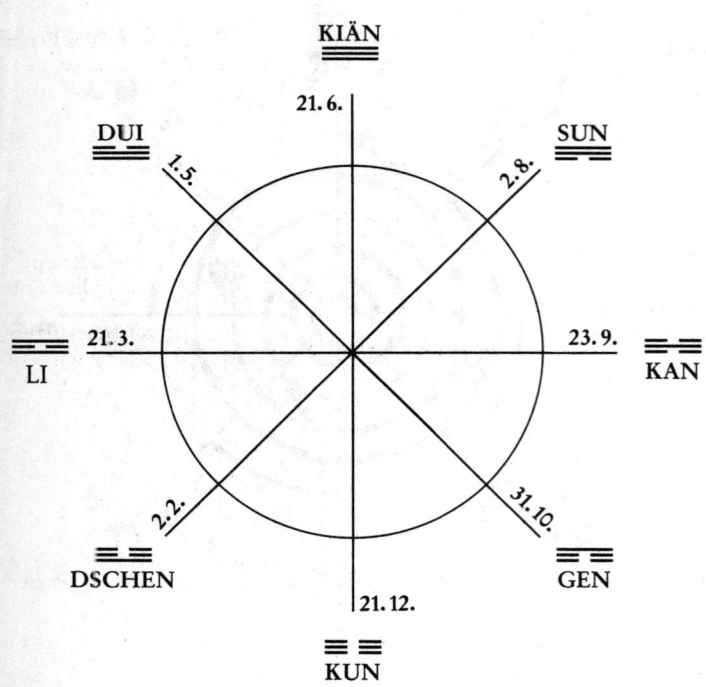

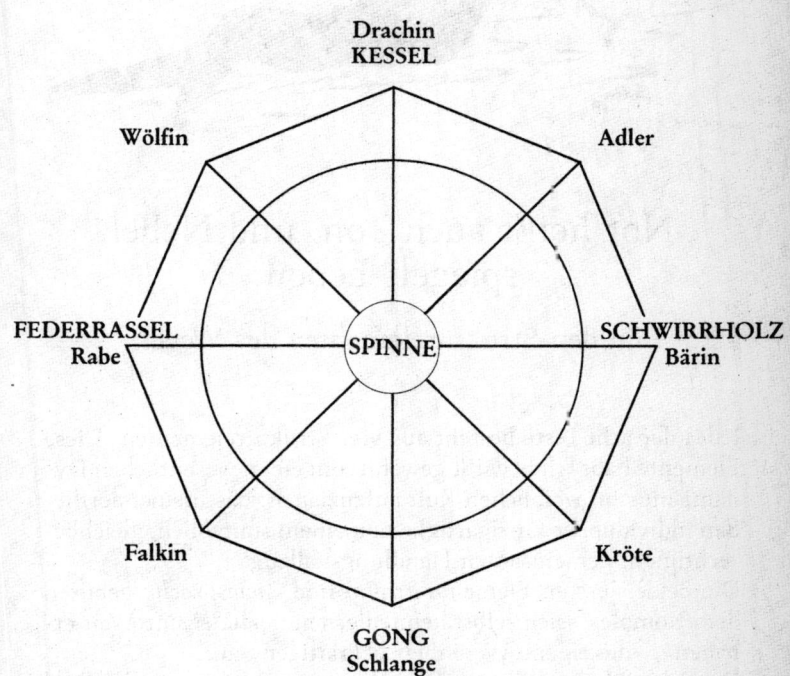

Drachin
KESSEL

Wölfin

Adler

FEDERRASSEL
Rabe

SPINNE

SCHWIRRHOLZ
Bärin

Falkin

Kröte

GONG
Schlange

Not heißt auch Ton, und Nebel spiegelt Leben

Zu den Strukturelementen des Weges

Jedes der acht Feste besteht aus vier Strukturelementen. Diese Elemente habe ich bewußt gewählt, um einen wesentlichen Dynamismus im weiblichen Kult aufzuzeigen: das Ineinanderfließen individueller Einzigartigkeit zu einem sinnvollen, gleichberechtigten, gemeinsamen Handlungsvollzug.

Die beiden ersten Elemente *Traum* und *Zwiesprache* gehören dem Komplex »sich selbst kennenlernen«, »die eigene Welt erbauen«, »die eigene Wesenheit bekräftigen« an.

Das dritte Element *das Treffen* gehört dem Komplex »geben und nehmen«, »öffne die eigene Welt, und erfahre die Schöpfung der anderen«, »Furchtlosigkeit gegenüber der Vielfalt« an.

Das vierte Element *die Handlung* gehört dem Komplex »potente Wirksamkeit«, »Erzeugen eines synchronen Feldes« an.

Das dritte und vierte Element sind wesentliche Bestandteile des Abbaus weiblicher Paranoia vor Übermachts- und Ohnmachtsstrukturen.

Der Traum

»Träume werden durch die Umsetzung in die Realität geheiligt«, sagt Robin Morgan. Und Christine Meyer-Thoss, die Herausgeberin von Meret Oppenheims Träumen aus den Jahren 1928–1985, sagt von der Träumerin, sie habe »einzelne Träume behalten wie Knoten im Taschentuch. Sie waren vertraute Räume, in denen sie lebte und die sie als Stimmungen in sich austrug, deren Himmelsrichtungen sie genau kannte und vermerkt hat... Wesentlich ist, daß die Künstlerin den Traum befragt, was er für sie und den Fortgang ihrer Arbeit bedeuten kann, sich aber nicht von ihm beherrschen, das heißt durchschauen läßt...«

Im Traumbuch der alten Ägypter heißt es: »Der Traum ist geschaffen, um der, die ihn hat, der, die blind ist, den Weg zu weisen.«

Bei den Ureinwohnern Australiens ist der Traum heute noch heilig. Auch hier wird der Traum als Anstoß für den Weg der Träumerin angesehen. Er kommt von den Traumzeitgeistern, die das Leben der Menschen bis zum heutigen Tag beschützen.

Im europäischen, vor allem im deutschsprachigen Raum können wir an Hand der etymologischen Entwicklung auch die Entwicklung der Traumbedeutung wahrnehmen. Das deutsche Wort Traum bezeichnete in seiner frühesten Form einmal ein »Gespenst« – also ein Wesen aus anderen Ebenen. Anfänglich wird damit das Locken, Führen, Bewegen und Wegweisen verbunden. Später verkommt diese hilfreiche Führung immer mehr zum Verführen, zu einer trügerischen, unrealen Angelegenheit, die mit der Wirklichkeit, wie sie gesehen wird, nichts mehr gemein hat. Und heute assoziieren wir zu Traum das »Traumtanzen«, ein zwar schönes Wort, das aber inhaltlich signalisiert, daß die »Traumtänzerin« unrealistisch ist. Realität ist dabei immer ein Kompromiß – meist ein mehr oder weniger resignativer – zwischen dem Wunsch, wie eine leben möchte, und der Beschneidung, die allerorten als »Realität« ausgewiesen wird.

Bei einer durchschnittlich westlich erzogenen Frau ist die

Traumebene etwa so überbelastet wie die Vermittlungsstelle einer Telefonzentrale am Montagmorgen, wenn sie außer der Vermittlung örtlicher Gespräche, die – sagen wir – ihre Aufgabe ist, auch noch zahlreiche Gespräche in europäische und Überseeländer vermitteln muß: Es gibt ein heilloses Durcheinander, und die Botschaften kommen an völlig anderen Stellen heraus, als sie eigentlich sollen.

Viele unserer Wahrnehmungen während des Tages nehmen wir aufgrund unserer Konditionierung auf eine bestimmte »Realität« nicht bewußt zur Kenntnis – sie werden abgeschoben auf eine Etage, wo sie eigentlich nichts zu suchen haben: in die Etage »Traum«. Viele Zeichen und Informationen von anderen Menschen können wir bei unserer Eindimensionalität in der sprachlichen Verständigung ebenfalls nicht ins Bewußtsein lassen, auch sie werden abgeschoben in die Traumetage. Kontakte mit Wesen aus anderen Ebenen als der physischen ignorieren wir für gewöhnlich; sie werden also auch nicht in unserem Bewußtsein registriert und genauso in die Traumetage abgeschoben – wer sollte sich da noch auskennen!

Obendrein sind wir uns noch nicht einmal dieser Überfrachtung und Verwirrung bewußt. Und zu guter Letzt haben wir lediglich zwei Möglichkeiten, mit diesem Wirrwarr umzugehen. Die eine Möglichkeit ist, alles als »Träume sind Schäume«, als irrational und unbedeutend abzutun, die andere Möglichkeit ist, das Sammelsurium als »eigene unbewußte psychische Botschaften« zu behandeln. Dabei soll erstens alles auf unserem eigenen Mist gewachsen sein, zweitens wird alles wieder nur auf einer Ebene gesehen, und zwar der psychischen. So kann man Träume vielleicht als männlicher Psychoanalytiker deuten, aber niemand wird ihnen so wirklich gerecht.

Wir werden Träume als »Wegweiser« nehmen, als Möglichkeit, mit anderen Wesen und mit unserem inneren Kern zu sprechen und uns führen und anregen zu lassen durch Bilder und Sinngehalte, die wir bewußt nicht wahrnehmen.

Sobald sich eine ihren Träumen als einer Kraft zuwendet, in der sowohl Wahrheit als auch Wirklichkeit enthalten ist, wird sie bald ein sicheres Gespür dafür entwickeln, welche ihrer Träume ihr inneres Wissen vermitteln; in welchen sie Kontakt mit anderen Wesen hat; in welchen sie selbst in andere Welten reist; in welchen sie »Tagesreste« ihrer bewußten Realität verarbeitet; in welchen sie Visionen hat; welche ihrer Träume Kraft haben und welche nicht.

Jede von uns kennt Träume, die sie über Jahre nicht vergißt – manche davon haben im Laufe der Zeit ihre Botschaft entschlüsselt, haben preisgegeben, was sie uns sagen wollten; manche hängen wie unverknüpfte Fäden in unserem Körper, wie singende Saiten, die immer wieder anklingen, bis wir sie verstanden haben. Träume sind wie Straßen zu uns selbst, zu dieser Selbst, nach der wir suchen.

ARCHE

Wohin gehen wir, du und ich?
Was ist dein wahrer Name und
was der meine?
Der Bogen der Ekstase ein Schiff
jenseits aller Träume von Schiffen,
doppelt gebugt mit Hera Köpfen,
taumelt in grenzenlose Flut,
bis die See selbst
sich beugt, gütig.

Wohin gehen wir, du und ich?
Eines Tages kehren wir nicht zurück,
uns zu trennen, zufrieden zu wissen
von dir und mir und hier.
Dann was?
Dann was?

Was ist dein wahrer Name und
was der meine?

Zit. aus Barbara Starrett: »Ich träume weiblich«[19]

Dieses Selbst, der wahre Name, hat viel zu tun mit dem Sinn, den wir unserem Leben geben, der Aufgabe, die wir in diesem Leben vollbringen. Unsere Träume führen uns, sie zeigen uns Wege, sie warnen uns, sie bringen uns zusammen mit Wesen, die uns führen, mit Wesen, die Botschaften für uns haben.

> Reisegefährtin
> aus dem Land der Nebelschwaden.
> Hast du über den Rücken der Zeit geblickt,
> die ich im Licht des Sonnentages
> so undurchdringlich fand?
> Drückst mir ein Zeichen auf die Brust,
> das im Erwachen noch auf
> meinem Körper brennt.
> Du lockst mich,
> es zu suchen.
> Ich gehe einen Schritt
> und stehe auf dem eigenen Weg.

Die Zwiesprache

Komm, Frau, die du die verborgenen Dinge zeigtest und die unsagbaren Dinge offenbarst. Heilige Taube, die du die Zwillingsnestvögel hervorbringst, geheime Mutter...

Aus den Thomasakten, die von der Kirche nicht aner-kannt werden

Das Phänomen der Zwiesprache ist unserem Kulturkreis noch weniger vertraut als der Umgang mit Träumen, denn die Zwiesprache setzt voraus, daß wir unsere Seh- und Hörorgane auch für unsichtbare Schwingungen öffnen, für Gespräche mit Wesen, die wir nicht im üblichen Sinne wahrnehmen.

Zur Zwiesprache gehört die Erfahrung eines Wesens, mit dem ich Zwiesprache halte, eines Wesens, von dem ich weiß, daß es mich bekräftigt und mir rät.

Manche sagen, es handle sich um das eigene Zwillingswesen – die Janaköpfige in uns selbst; manche definieren das Wesen der Zwiesprache als Beraterin aus anderen Ebenen; für manche ist die Wesenheit, mit der sie Zwiesprache halten, ihr Clan-Geist; für manche ihr persönlicher Schutzgeist; manche nennen es die »Göttin« in einer ihrer ungezählten Erscheinungsformen. Jede Kultur hat eine andere gestalterische Vorstellung von dieser Kraft. Allen gemein ist, daß in dieser Zwiesprache wirklich Bekräftigung, Lernen und Weisheit liegt, wie immer eine das Spiegelbild benennt.

Es gibt einige Voraussetzungen für diese Zwiesprache – ob ich mit der Kraft in Gestalt einer Pflanze spreche, eines Baumes, eines Platzes; ob ich eine Skulptur mache, die dieses Spiegelbild in Erscheinung treten läßt, oder eine Fetischpuppe; ob ich ein Schild mache oder die Zwiesprache durch das Verbrennen von Tabak oder anderen Stoffen herbeiführe: Immer muß ich die mir gemäße Form suchen und diese Form auch selbst bekräftigen.

Mit anderen Worten, wenn eine eine Pflanze findet, in deren Gestalt sich für sie am deutlichsten das Wesen, mit dem sie Zwiesprache halten kann, zeigt, so sollte sie mit dieser Pflanze in Verbindung bleiben, mit ihr eine Liebesbeziehung eingehen, das heißt, ihre Kraft mit dieser Pflanze austauschen. Es ist gut, sie zu besuchen, auch wenn sie kein Gespräch »braucht«. Sie sollte in einen Austausch von Kraft mit ihr gehen und nicht ständig neue Möglichkeiten für eine Zwiesprache suchen. Auf diese Weise würde sie ihre Kräfte nur zerstreuen und sich wie eine europäische Konsumentin verhalten, die an allem mal ein bißchen rumprobiert.

Ich schildere die Voraussetzungen für die Zwiesprache deshalb so ausführlich, weil sie für uns »verrückt«, mindestens aber ungewohnt ist und weil anfänglich keine so recht weiß, welche Kraft dieser Kontakt verleiht und wie sie es anstellen kann, in das Feld der Zwiesprache zu gelangen.

Die Aufforderung, zu wählen und dann diese gewählte Gestalt beizubehalten, bedeutet, die Konzentration und die Fähigkeit des *Hörens* zu schulen und das Sichaustauschen zu lernen. Wählen kann in diesem Fall auch heißen: gewählt zu werden, also den Zeichen zu folgen, die eine zu einem Wesen führt, mit dem sie auf diese gleichschwingende, zwillingshafte Art Zwiesprache halten kann. Ihre Art zu wählen kann heißen, aufmerksam den Zeichen zu folgen, die sie führen, bis sie einen Platz erreicht hat oder, von Federn geführt, zu einem Tiergeist kommt oder durch ihr eigenes Malen einem Bild gegenübersteht, mit dem sie sprechen kann. Diese Wahl braucht Zeit und Sorgfalt, bis eine spürt, daß sie ein Wesen getroffen hat, das das ihre zum Schwingen bringt, das ihre eigenen lebendigen Kräfte anspricht und verstärkt – und nicht ein Wesen, das zwar Kraft von ihr will, aber keinen Austausch möglich macht.

Wenn sie spürt, daß sie mit einem Wesen in Kontakt ist, das sie aushöhlt, kraftlos macht oder aber aufbläst mit dem Gefühl der Wichtigkeit und der feinen Verachtung für andere, dann sollte sie einen Schutzkreis ziehen und symbolisch die Fäden zu diesem Wesen durchschneiden. Lebendiges, bekräftigendes Sein geht immer mit *Humor* einher. Wenn sie also rechthaberisch und moralisch wird und ihr Lachen mehr ein Lachen über andere als ein lebendiger Ausdruck der grundlosen Freude ist, wird es Zeit, sich abzuwenden und im Inneren nachzuschauen, was dieses Wesen angezogen haben könnte – wo sie selbst solche gegen das Lebendige gerichtete Tendenzen in sich findet.

Wenn sie aber ein Wesen gefunden hat, mit dem sie zärtlich und fröhlich, durchaus ernst, aber nicht humorlos sprechen kann, sollte sie es nähren, wie sie genährt wird. Das wird sie wachsen lassen und bekräftigen und Wachstum und Bekräftigung in die Welt entsenden.

Wenn eine mit den Elementen Traum/Vision und Zwiesprache zu arbeiten beginnt, richte sie ihre Aufmerksamkeit nach innen. Beide Elemente sind individuelle Kontakte, die ihre nur ihr eigenen Strukturen und ihr innerstes Wesen bekräftigen und führen. Niemand hat das Recht, eine bewegen zu wollen, einer anderen Vision, einem anderen Traum als dem, der in ihr hochsteigt, zu folgen. Es wird keine zweite geben, die ihre Zwiesprache auf dieselbe Weise erfährt wie sie.

Mello Rye, eine Isis-Sonnenpriesterin, halb Cherokee, halb schottisch-irischer Abstammung, sagte in einem Interview bei der Frage, ob sie irgendwelche Ratschläge für Frauen, die ihre spirituellen Wurzeln suchen, habe: »Wenn ihr könnt, lernt euch selbst kennen, und kümmert euch nicht darum, was die übrige Welt denkt. Man kann sich selbst ändern, aber laßt euch von niemandem sagen, wie ihr euch selbst ändern sollt...« Und ich würde hinzufügen: »...und sagt keiner, wie sie sich zu ändern hat und wohin sie gehen soll.«

Die meisten Kulturen, die ich kenne, sind ›zielfixiert‹. Das heißt, wir erwarten von einem Traum, einer Vision oder auch von der Zwiesprache, daß sie uns ein Ziel vor Augen führen, den Sinn unseres Lebens oder unsere Aufgabe. Wir achten den Weg wenig, dafür die fiktive »Vollendung« um so mehr.

Wenn eine mit Traum/Vision und Zwiesprache zu arbeiten beginnt, erinnere sie sich daran, daß diese Elemente Wegweiser sind und ihre Bedeutung nicht darin liegt, ihr ein Ziel vor Augen zu führen, das sie dann zu erreichen hat. Wie die Wahrheit, so sind die Botschaften dieser Elemente komplex. Sie führen eine weiter und weiter, tiefer und höher, in alle Himmelsrichtungen. Wenn eine sich in dem *Schritt*, den sie gerade tut, zu Hause fühlt, wird dies ein wesentlicher Teil ihrer inneren Sicherheit sein. Sie wird nicht der Angst unterliegen, nicht ihr und sonst niemand zu gehören, und sie wird so ihren eigenen Weg gehen und nicht den Weg einer anderen Frau. Wenn sie anfängt, ihr Zuhause irgendwo in der Zukunft anzusiedeln, hört sie ihren Träumen/Visionen und der Stimme der Zwiesprache nicht mehr richtig zu.

Das Treffen mit den anderen Frauen wird ein angstfreier, kreativer Austausch sein, wenn sie in ihren eigenen Schritten ruht. Erst dann wird sie in der Lage sein, ohne Mißtrauen auszutauschen und gemeinsam zusammenzufügen.

Das Treffen

Fremd kamen wir an, Schwestern, über das Meer hinaus, und versenkten den Anker im hellen Grase. Im Auge der dringenden Königin leuchtete noch der Staub der Wüste und erkannte sich wieder in der roten Erde. Die Felder bargen die wartenden Steine: Unsere Welt öffnete Hände voll Moos. Wir bauten unter den Flügeln der Ewigkeit uns überlebende Gedanken.

Zit. aus Lena Vandrey: »Stilleben«[20]

»... wir heißen dich willkommen.« Sie sah mir gerade in die Augen, und ich sah in die ihren. Es war, als starre ich in die Wüste. »Erinnerst du dich, wer du bist?« fragte sie. »Ja«, antwortete ich.
»Dann sieh dir jede von uns aufmerksam an.«
Ich sah jede Frau an, und mit Tränen unaussprechlicher Freude stellte ich fest, daß etwas in meinem Inneren jede einzelne Frau erkannte. Ebenso sah ich die Wiedergeburt des einsamen Traumes der Frauen auf dieser Erde... Wie wenige Menschen sich je dem Gefühl der Liebe hingeben, die Liebe erkennen und sie atmen. Aus diesem dunklen, karmischen Rad heraus formte sich jetzt eine Brücke. Ich wußte, von diesem Augenblick an würde ich immer um meine Verwandtschaft mit diesen Frauen wissen.

Zit. aus Lynn Andrews: »Der Flug des siebten Mondes«[21]

Das Treffen sollte die versammelten Frauen in die Lage versetzen, sich auf die gemeinsame Handlung einzuschwingen. Stell dir vor, es kommen dreizehn Frauen zusammen. Jede hat ihren Traum, ihre Vision, ihre Zwiesprache abgehalten, kommt aus ihrer eigenen Welt, mit ihren eigenen Symbolen und Gedanken, Gefühlen und Vorstellungen.

Wir sind es gewohnt, uns verbal zu verständigen (oder wir tun jedenfalls so). Meistens folgt daraus, daß »jede erzählen soll, wie es ihr ergangen ist, was sie mitbringt, wo sie gerade in ihrer Entwicklung ist, was sie gerne machen möchte«. Dreizehn Geschichten, dreizehn Symbole, dreizehn Wege. Es wird geredet und geredet, manch eine versteht, manch eine hat Mühe, die Symbole und die Sprache zu verstehen. Nach Stunden sind alle erschöpft. Meist hören wir an den Fragen schon, daß es keine Fragen aus kreativer Neugierde sind, sondern aus Mißtrauen, um abzutasten, ob eine ähnliche Vorstellungen hat oder ob sie was »durchbringen« will. Das Treffen ist für all dies nicht geeignet. Fangen wir also noch einmal von vorne an. Wir treffen uns. Wir machen ein schönes Essen zusammen. Es geht überhaupt nicht darum, zu erzählen, was mir in den letzten Wochen widerfahren ist. Es geht nicht darum, meinen Traum zu erzählen oder meine Vorstellungen und Erkenntnisse, die aus Zwiesprache gewachsen sind, mitzuteilen.

Wir kochen miteinander. Wir lachen miteinander. Wir bereiten ein Fest vor, weil wir uns freuen, einander zu sehen, weil wir uns zu einer gemeinsamen Handlung getroffen haben. Während der Vorbereitung merkt eine vielleicht, daß sie sich der einen oder anderen Frau diesmal besonders nah fühlt, manche als weiter weg empfindet, manche als fern. Es ist keine Frage der Wertung und keine der Begründung. Vielleicht ist sie zu überrascht und merkt dabei, daß sie innerlich auf eine Wiederholung vom letzten Mal eingestellt ist. Das kann ihr ein Lächeln über sich selbst entlocken. Wiederholungen und die Erwartung von Wiederholungen sind Aspekte des »Kraftanhaltens«, unbrauchbar in diesem Augenblick, wo alle zusammen ein Schwingungsfeld für diese eine Handlung vorbereiten. Sie ist ertappt von sich selbst. Wenn keine von uns in diesem angehaltenen Kraftfeld verharrt, wird es ein Muster unter uns geben, das diesem Tag in seiner tiefen Weisheit entspricht. Das nächste Mal kann es ein anderes Muster sein – überraschend wie immer –, für diesmal gibt sich eine in diesen Strom aus Nähe und Distanz, Weite, Tiefe und Atmen.

Jede hat etwas mitgebracht, was für sie die Intimität ihres Traumes, ihrer Vision, ihrer Zwiesprache beinhaltet. Es kann ein Zweig sein, eine Figur, eine Maske, ein Bild, eine Feder, ein Stein, ein Lied, eine Geschichte, ein Gedicht, ein Tanz – etwas, von dem sie weiß, daß es sie zeigt auf ihrem Weg, das aber nicht den ganzen Abend füllt oder den gemeinsamen Raum beansprucht, denn es sind ja mehrere da, die etwas mitgebracht haben. Wir bieten einander diese Kleinode dar, und wir lassen uns von den mitgebrachten Stücken der anderen berühren.

Das Schwerste für uns, die wir voller Meinungen und Psychologismen stecken, ist es, ohne innere und äußere Begründungen, ohne die Floskel »ich habe das Gefühl...« auszukommen. Es geht um nichts anderes, als Platz einzunehmen in diesem Gefüge der Zeit.

Es geht darum, den Schwingungen Raum zu geben, die eine spürt. Dorthin fühlt sie Nähe, dorthin Leichtigkeit und Lachen, dorthin Distanz, zu der einen Gleichgültigkeit, zur anderen Freude; von der einen würde sie gerne mehr wissen (und es wird sicherlich Gelegenheit geben, diesem Wissensdurst nachzugehen), von der anderen nicht.

Dies alles ist heute so, und kann das nächste Mal anders sein.

Das Bild der einen hat tief in ihr etwas angerührt, das Lied der anderen nicht. So ist es, nichts daneben, nichts davor und nichts dahinter.

Sie gibt, was sie gerne geben kann. Sie lernt, die anderen mit »ihren guten Gaben« nicht zu überfrachten, lernt also, in einem einzigen Gegenstand oder Lied oder Tanz ihre Gaben zu zentrieren.

Sie nimmt, was sie gerne nimmt. Es kann bei einem Treffen vieles geben, was nehmenswert erscheint. Es ist wichtig zu spüren, was sie jetzt, in diesem Augenblick, berühren kann, nicht, was von ihr erwartet wird, daß sie es nehmen sollte. Sie muß lernen, sich frei zu halten, sich nicht selbst zu überfrachten durch all die Eindrücke, die ihr geboten werden.

Nachdem wir dem Festmahl und den Darbietungen genügend Raum gegeben haben, Zeit zu verdauen hatten, vielleicht mit einem guten Mokka und einer Weile zwangloser Ruhe, werden wir das Symbol entwerfen, auf das wir uns gemeinsam einschwingen können und dadurch handlungsfähig werden. Die einzige wirklich wichtige Übereinkunft, die wir alle gemeinsam haben und die alle unsere Treffen und gemeinsamen Handlungen durchzieht, ist die Tatsache, daß wir bei dieser Handlung jede von uns in ihrem Wachstum bekräftigen und gemeinsam ein Stück weit das uralte Gesetz der Frauen wieder ins Bewußtsein heben. Das jeweilige Symbol soll uns helfen, diese beiden Markierungspunkte zu beleben.

Nun könnten wir wieder beginnen zu reden – welches Symbol, was war am meisten in den Träumen und Visionen vertreten usw., aber auch das tun wir nicht. Zwei von uns werden für alle sehen. In manchen Gruppen sind Frauen bekannt, die diese Funktion besonders gut erfüllen, und sie werden diese Aufgabe vielleicht das ganze Jahr hindurch innehaben. In manchen Gruppen werden es immer wieder andere Frauen sein, die diese Funktion ausüben. Auf alle Fälle sollten es Frauen sein, die sich an diesem Tag in der Lage fühlen, die Schwingungen der anderen, sie Umgebenden gut aufnehmen zu können, damit das, was sie sehen, die Zentrierung all der feinen Informationen ist, die von allen ausgestrahlt werden.

Wir, in unserem Kreis, haben eine geübte und für uns sehr befriedigende und effektive Art, dieses Symbol auszusprechen. Zwei von uns sitzen auf weichen Kissen, Rücken an Rücken in der Mitte des Frauenkreises. Alle anderen sitzen oder stehen rund um sie herum. Manche nehmen ihre Instrumente zu Hilfe, manche ihre Stimme, einige bewegen sich, tanzen, andere sitzen ruhig in einer Meditationshaltung – jede Frau, wie sie es möchte. So, wie wir in den Gegenständen unsere Information zentriert haben, so zentrieren wir uns auch jetzt. All unser Wissen, all das, was sich vorbereitet hat auf diesen Tag hin, spüren wir in unserem Körper schwingen, daraus werden Töne, ein Wort, ein Trommelrhythmus, ein Flötenklang – wir erwarten keine Harmonie, wir erwarten Vielfalt, die ineinanderklingen kann. Manchmal spüren wir die Schwierigkeit, die Kanten und Ecken, bis sich etwas zusammenfügt. Manchmal geht es leicht und ohne Anstrengung, bis aus all den verschiedenen Tönen, Bewegungen, Worten, Lachen eine Schwingung wird, die anschwillt und sich hinter den Augen der Seherinnen zu einem Symbol verdichtet.

Es kann sein, daß das Symbol uns überrascht, weil es in den individuellen Träumen/Visionen und im Zusammenhang mit der Zwiesprache nicht aufgetaucht ist – aber ich habe noch nie erlebt, daß es nicht doch für alle stimmig gewesen wäre, daß es die eigenen Symbole und gesammelten Inhalte nicht bereichert oder bestärkt hätte. Manchmal ist es bei der einen oder anderen bereits vorher aufgetaucht. Manchmal kennen alle das Symbol, und jede hat einen eigenen Zugang und eine eigene Geschichte damit. Immer sind die gemeinsamen Symbole wie Meilensteine, wie Zentrierungspunkte auf unserem Weg, individuell und kollektiv.

Die Handlung

Sie sagen, daß sie wie junge Pferde am Ufer des Eurotas springen. Sie stapfen auf die Erde und beschleunigen ihre Bewegungen... Beginnt zu tanzen, schreitet leichtfüßig voran, bewegt euch im Kreis, haltet euch an der Hand, jede möge dem Rhythmus des Tanzes folgen. Der Kreis der Tänzerinnen muß seine Umdrehung vollziehen, so daß sie ihre Augen überallhin richten. Sie sagen, daß sie die Unordnung in all ihren Formen kultivieren.

Zit. aus Monique Wittig: »Die Verschwörung der Balkis«[22]

Das gemeinsam gefundene Symbol, um das sich für diese eine Handlung aller Ausdruck rankt, ist nicht nur eine Summierung der Kraft, die alle anwesenden Frauen in die Handlung geben, sondern stellt die potenzierte Kraft der Gemeinschaft dar. Es ist also mehr als die Summe aller zusammengefügten Kräfte. Es bildet das Zentrum, durch das die gemeinsame Kraft zurückfließt zu jeder einzelnen, um sie in ihrem Wesen, ihrem Weg und ihrer Aufgabe zu bekräftigen. Es ist wie ein reflektierender Spiegel in zwei Ebenen, hinaus in die Welt, in der unsere Realität wirksam wird, und hinein in unseren Kern, in dem sich unsere Realität kräftigt.

Die Handlung selbst ist immer wieder unterschiedlich. Die Kraft, die in ihr ist, kommt nicht zuletzt daher, daß wir uns alle im Verlauf des Treffens eingeschwungen haben in den Strom aus Nähe und Distanz, Weite und Atmen. Wir nennen diese Arbeit das »Erzeugen eines synchronen Feldes«, das heißt, eines Feldes, in dem es möglich ist, gleich zu schwingen, alle mit der ihnen innewohnenden Kraft (nicht als Block, sondern als starke und weitschwingende Energie) das Symbol befruchtend.

Gleiches Schwingen hat nichts mit gleichen Ausdrücken zu tun – es ist ein Raum-Zeit-Feld, in dem unterschiedliche Frauen mit unterschiedlichen Mitteln dieselbe Realität hervorrufen. Dieses synchrone Feld ist mehr als eine physikalische Realität. Es ist mit unserem heutigen Vokabular und unserem Verständnis von Raum und Zeit nicht zu beschreiben. Wir können allenfalls etwas über die Voraussetzungen sagen, die dazu führen, daß sich das synchrone Feld einstellt. Vor allen Dingen: Es ist nicht zu erzwingen, die Wellen, die wir mit Willen, Notwendigkeit etc. verbinden, führen unter keinen Umständen zu dem Phänomen des synchronen Feldes.

Es ist das unerhört sinnliche Spiel, das entsteht, wenn jede in ihrer eigenen Mitte ruhende Individualität ihr Potential in die Gemeinschaft gibt und dieses Potential durch keine Meinung, Vorstellung, kein Gerichtetsein in der Ebene der Projektion behindert.

Sie versucht sich nicht vorher vorzustellen, was aus der Handlung entsteht oder wie die Handlung sein sollte. Sie macht sich frei von alldem, füllt sich mit der Intensität ihres Wunsches nach Bekräftigung ihres und der anderen Frauen Wesen, nach dem uralten Gesetz, das sie trägt, ausdrückt und weitergeben will.

Die Intensität ihres Wunsches, gemeinsam mit der Intensität aller Frauen, die denselben Wunsch haben, wird alle bewegen, Erfahrungen zu schenken, die alle zu Trägerinnen, Erinnernden dieser Gesetze machen. Es ist die Intensität, die die Erfahrungen anzieht, die das synchrone Feld erzeugt, das alle gleichzeitig, und doch jede auf ihre Weise, in die Lage versetzt, zu erinnern, Vertreterinnen des alten Gesetzes zu sein und damit die Realität des alten Gesetzes wieder in die sichtbare Wirklichkeit zu holen.

Es ist die Erfahrung des nächsten Schrittes, die sie gemeinsam anzieht. Wenn also in der Gruppe Frauen sind, die feurig und ungeduldig hinausschnellen, vorwärtsdrängen, so wird es ebenso viele geben, die scheinbar blockieren, zurückhalten – es wird in jedem Fall der nächste Schritt sein, der sich zeigt, ob es allen gefällt oder nicht, ob sich einige gebremst oder andere überrollt fühlen. Es ist ein perfektes Gleichgewicht, und je klarer jede einzelne in ihrer eigenen Mitte, in ihrer eigenen Zeit und eigenen Intensität steht, ohne sie aus Furcht zu blockieren oder aus Unwissenheit zu weit hinausschnellen zu lassen, desto weniger wird es unter den Frauen zu der Verteilung von Vorwärtsdrängerinnen und Bremserinnen kommen.

Für den Weg derer, die die Gesetze wieder lernt, die den Initiationsweg geht, ist die Übereinkunft, das Bekräftigen des eigenen Wachstums und das gemeinsame Wiedererinnern des uralten Gesetzes der Frauen Motor, Inhalt und Ziel der Handlung – natürlich kann es andere Inhalte der gemeinsamen Handlung geben, diese jedoch lasse ich hier außer acht, weil sie nicht zu den vorrangigen Handlungen des Initiationsweges gehören.

Der Erde und den Himmeln teil' ich's mit

Von der Kraft der Tänze und Gesänge

Mein Tanzen, Trinken und Singen flicht mir eine kleine Matte, auf der meine Seele in der Geisterwohnung schlafen wird.

Halmakera, Indonesien

Für mich sind alle Handlungen Teile eines Musters, im Gleichgewicht und in den Gegensätzen, im Fließen und in der Ruhe, und es gibt keinen Vorgang, für den ich nicht die richtige Ergänzung sehe, die Vollendung

des Musters. Deshalb bin ich ein Cheari. Die Gelehrten sagen, daß die ganze Welt tanzt und daß der Name
des Tanzes Chea lautet...

Elizabeth A. Lynn: »Die Tänzer von Arun«[23]

Die Verankerung im Lebendigen, in der Sinnlichkeit
ruft den Geist und bewahrt vor den Geistern...

Kaye Hofmann: »Tanz, Trance, Transformation«[24]

Tanz ist der elementarste Ausdruck von Information. Im Tanz
äußern wir, was uns bewegt. Tanz ist die Gleichzeitigkeit von
Ein- und Auswirkung, von Form und Gelöstheit. Tanz ist angeregter und anregender Seinszustand. Ohne Form (und sei sie
noch so unvorstellbar winzig, wie etwa ein subatomares Teilchen) gibt es keinen Tanz. Aber genauso kann ich sagen, ohne
Nichtform, ohne Schwingung (sei sie hörbar oder unhörbar) gibt
es keinen Tanz. Und ohne Tanz gibt es weder Form noch Nichtform. Tanz ist mater-iell.
Gesang ist der elementarste Ausdruck von Durchdringen. Im
Gesang äußern wir, was wir vernehmen. Gesang ist die Gleichzeitigkeit von Hören und Sprechen, von Vernehmen und Weiterleiten. Gesang ist durchdrungener und durchdringender
Seinszustand. Ohne Schwingung, die wir aufnehmen, gibt es
keinen Gesang. Ohne Form, die Schwingung erzeugt, gibt es
keinen Gesang. Gesang und Tanz sind die beiden Gesichter der
sichtbaren und unsichtbaren, hörbaren und unhörbaren Welt.
Schöpfung ist Gesang und Tanz, Veränderung, Umarmung von
Leben und Tod.
Jedes Volk auf der Erde lebt mit Tänzen und Gesängen. Das
Wort Tanz ist so alten Ursprungs, daß die Bedeutung im dunkeln
liegt. Die Worte Gesang und Singen haben sich aus »die Stimme
feierlich erheben, prophezeien« entwickelt.
Tänze und Gesänge sind soziale Elemente jeden Zusammenlebens von Menschen. Die Tänze einer Gemeinschaft haben sich

aus ihren Vorstellungen über die Weltenordnung entwickelt. Ihre Gesänge erzählen ebenfalls davon. Früher gab es in vielen Kulturen Sängerinnen und Sänger, die gleichzeitig Geschichtenerzählerinnen waren, die die Geschichte des Stammes weitererzählten, indem sie sangen, und die genauso, wie sie die Vergangenheit lebendig machten mit ihrem Gesang, die Prophezeiungen für die Zukunft vortrugen. Dort, wo eins dieser elementaren Ausdrucksmittel verboten wurde, wie etwa im Mittelalter in Europa (die Kirche hatte die Tänze als heidnisch und obszön unterbunden), traten nach kürzester Zeit Phänomene des zwanghaften Ausdrucks auf. Es gab Tanzepidemien, bei denen die Menschen das Gefühl hatten, bis zur Erschöpfung zum Tanzen gezwungen zu sein. Ein solch wesentliches soziales Ventil der Kommunikation kann nicht, ohne Auswüchse zu produzieren, verstopft werden.

Die Magie des Tanzes

Die Füße treten den Boden. Noch sind sie taub, unaufgeschlossen für die Erde. Sanft und langsam treten sie den Boden: »Ich berühre dich, Schwester Erde«, sagen die Füße mit jedem Schritt. »Ich suche dich, Schwester Erde.«
Die Erde ist feucht. Zwischen den Zehen quillt nasse Bräune. Heute dauert es lange, bis ich mich verbunden fühle, bis ich mich aus dem Boden heraus wiege und mich bewege. Alles entfaltet sich aus dem ursprünglichen Grund.
Komm, Frau, heb die Grenze auf zwischen dir und der Erde. Zeit zu atmen. Zeit zu berühren, Zeit zum Kennenlernen, immer wieder aufs neue. Langsam steigt die Kraft, setzt sich frei in der Berührung. Große Göttin, meine Knie sind Schranken, als wären sie aus Eisen. Weiter treten die Füße, bis auch da Fluß und kühle Wärme wohnt.
Die Schenkel, reine Freude, ohne Widerstand. Das Becken? Ich kichere. »Hast du gut gelernt, was du machen mußt, daß es so aussieht, als ob es sich ohne Hemmung bewegt?« Betrug. Ich

spüre die Angst vor der aufsteigenden Kraft. Innen ist Spannung, Zurückhaltung. »Du hast Zeit, Liebste, und weißt doch: Nichts explodiert so einfach, wenn es sich ohne Hast entfalten darf.« Wie oft ich mir diesen Satz immer wieder sagen muß. Ruhig, ruhig, und weiter, tritt weiter.

Immer ist alle Bewegung und jede Empfindung verbunden mit dem pulsierenden Labyrinth aus endlosen Straßen, die sich unter meiner Schädeldecke winden. Irgendwo da gibt es einen harten, kleinen Krampf, korrespondierend mit der Spannung im Becken. Nicht aufhören. Die Füße treten weiter. Sacht und unbeirrbar. Die Spannung beginnt sich zu lösen. Kraft schwillt an und steigt und steigt. Bewegt mich, schwingt in meinem Sonnengeflecht, treibt Freiheit in meine Zellen, läßt Atem entweichen, dringt in meine Arme vor, färbt die Welt um mich mit einem neuen Licht hinter meinen geschlossenen Augenlidern, singt im Labyrinth meines Gehirns. Schenkt sich der Erde, fliegt in die Himmel.

Während ich tanze, erinnere ich mich daran, daß bei den Yao in Zentralafrika der Pubertätsritus für die Mädchen *zur Frau getanzt werden* heißt. In den Zellen meines Körpers hatte meine Mutter dieses Wissen hinterlegt. So konnte ich es freitanzen. Ich weine.

Die Magie der Gesänge

Kai ist noch halb im Schlaf. Geübt im Träumeaufschreiben, greift sie mit noch halb geschlossenen Augen neben sich, wo ihr Traumbuch und ein Stift bereitliegen. Blinzelnd notiert sie die merkwürdigen Worte, die ihr eben eine Frau mit fremdartig silbernen Gesichtszügen zugeflüstert hat. Dann sinkt sie zurück in den Schlaf.

Als sie sich später am Tag an den Traum erinnert, liest sie die Worte in ihrem Buch mit wachem Verstand. Es ist keine Sprache, die sie kennt, keine Worte, die ihr Sinn geben. Den Tag über denkt sie immer wieder daran, dann vergißt sie sie.

Wochen später. Eine Heilungszeremonie, Kai spürt, wie die Frau auf dem weichen Fell, auf das sie gebettet ist, kämpft. Immer wieder fällt sie in die alten, krankmachenden Felder zurück, wie gezogen von einer zermürbenden Kraft, die sich gegen die Heilung stemmt. Kai und Arana, die ihr hilft, haben all die Kraft zur Verfügung gestellt. Sie wissen nicht weiter. »Sing«, sagt eine Stimme in Kais Kopf, »sing.« Was um Himmels willen soll sie singen? Sie sitzt da und verfolgt den kraftraubenden Kampf der Frau, und plötzlich erinnert sie sich an die Worte aus ihrem Traum.

Sie gibt Arana ein stummes Zeichen, daß sie geht, um wiederzukommen. Arana wird weiter bei der Frau bleiben. Aus ihrem Zimmer kehrt Kai mit dem Buch zurück. »Ich werde es einfach ausprobieren«, denkt sie. Zögernd beginnt sie zu summen, bis sich eine Melodie einstellt, in die die Worte eingebettet werden können. Sie beginnt zu singen. Melodie und Text gleiten ineinander. Viele Male singt sie das Lied. Langsam ergeben die Worte Sinn. Nicht weil sie sie erkennt und wüßte, was sie bedeuten, sondern weil sich ihr Klang entschlüsselt und in sie eindringt. Es ist ein Schutzlied. Sie ruft damit Wächterinnen aus allen Schwesternschaften ans Lager der Frau. Sie singt und singt. Wie von einen Wall ist die Frau jetzt umgeben von unsichtbaren, aber spürbaren Frauengestalten, und die zermürbende Kraft kann nicht weiter an ihr zerren. Morgen werden sie weitersehen, auch woher die Anziehung zu dieser unheilsamen Kraft herrührt. Für heute wird Schlaf verordnet. Kai lächelt die Frau erleichtert an. Sie deckt sie zärtlich zu. Erschöpfung steht in ihrer beider Gesichter geschrieben. Sie verläßt mit Arana den Raum. »Was war das für ein Lied, das du da gesungen hast?« will Arana wissen. Kai schüttelt den Kopf. »Ich weiß es selber noch nicht genau. Die Worte hab' ich im Traum bekommen, und die Melodie ist mir eben eingefallen.« – »Es kam mir unendlich fremd und doch merkwürdig vertraut vor«, sagt Arana. »Mir auch«, sagt Kai, »jedenfalls hat es geholfen.«

Beispiele unserer Tänze

Die Möglichkeiten des Tanzes sind vielfältig. Wir tanzen, um uns in elementare Kräfte zu verwandeln, um Feuer zu sein, Erde zu sein, Wasser und Luft zu sein und gleichzeitig mit den Elementen um uns herum in Kontakt zu gehen.

Luisa Francia hat uns die Spiraltänze nähergebracht, die sie selbst von einer alten Tänzerin gelernt hatte. Wir tanzen sie, um Erinnerungen in unsere Zellen einzulagern, oder auch, um Erinnerungen aus dem Ruhezustand innerhalb der Zellinformation in Bewegung, in unser Bewußtsein zu holen.

Wir tanzen bei unseren Heilungszeremonien. Manch eine von uns hat ihren individuellen Heiltanz, den sie immer vor den Zeremonien tanzt, genauso wie sie ihr eigenes Lied hat, mit dem sie sich zentriert und sich einschwingt, *in den Kanal geht*, wie wir es nennen.

Adelheid Ohlig, eine Frau, bei der ich mit großem Genuß und kindlicher Offenheit lernen konnte, hat uns einen Tanz beigebracht, mit dem wir Eisprung und/oder Menstruation hervorrufen können. Sie selbst hat ihn aus Elementen der Arbeit von Aviva Schreiber, einer israelischen früheren Tänzerin, und Anregungen der Ureinwohnerinnen Süd- und Mittelamerikas zusammengestellt. In Israel ist Aviva Schreibers Tanz die einzige erlaubte Abtreibungsmethode – die auch funktioniert! Dies erscheint mir eine faszinierende Möglichkeit, heterosexuellen Frauen ihre Macht und ihr Vertrauen in den eigenen Körper zurückzugeben anstelle des ohnmächtig Ausgeliefertseins, das heute Abtreibung nach wie vor begleitet.

Uli Ohnmeis, eine der wenigen Frauen, die ich kenne, die den Bauchtanz aus dem ihn umgebenden sexistischen Fluidum befreit hat, hat mich mit ihrer Art des Tanzes an eine Erinnerung herangeführt, die mit Übertragungsriten zusammenhängt. Tanz ist in diesem Fall das Freisetzen von Energie, die gemeinsam von allen tanzenden Frauen auf eine oder mehrere übertragen wird, die eine Aufgabe vor sich haben, die sie mit ihren individuellen Kräften nicht bewältigen können. Sie werden mit dem Potential der ganzen Gruppe ausgestattet, damit sie ihre Funktion erfüllen können.

Wenn eine von uns vor einer unüberwindlichen Angst steht, so hat sie die Möglichkeit, begleitet von den anderen zu tanzen. Sie tanzt, bis sie zu der oder dem wird, wovor sie Angst hat. Sie tanzt nicht etwa ihre Angst. Wir geben den Emotionen, die uns nicht klar sein lassen, keine Kraft. Das wäre nach den elementaren Gesetzen eine Bekräftigung. Wenn aber eine der Gegenstand oder die Person, vor der sie Angst hat, im Tanz *wird*, kann sie verwandeln und erkennen.

Beispiele unserer Gesänge

Im vorigen Absatz habe ich bereits über die individuellen Lieder einzelner Frauen gesprochen, die sie zum Beispiel vor oder bei Heilungszeremonien singen. Es sind Melodien und Worte, die sie mit der Quelle ihrer Kraft in Berührung bringen; ob sie diese Quelle mit einem Göttinnennamen bezeichnen, durch ein Symbol deuten, als Helferin wahrnehmen oder als Element. Das Lied hilft ihnen, sich selbst von der Kraft durchdringen zu lassen und sie weiterzugeben.

Wir haben ein gemeinsames Schutzlied, das ich vor langen Jahren in einem Traum geschenkt bekommen habe. Wenn eine dieses Lied singt, erreicht sie damit alle anderen in der Ebene des Schutzes. Am Anfang waren wir überrascht, wie deutlich wir einander wahrnahmen (wir haben oft im nachhinein Situationen rekonstruiert und festgestellt, daß wir immer auf dieses Lied, oft unbewußt, geantwortet haben), später wurde es zu einer sicheren Gewißheit, die allein schon einen Teil des Schutzes ausmacht.

Heide Göttner-Abendroth hat einmal bei einem Vortrag erzählt, daß eine afrikanische Freundin völlig verzweifelt war über unsere europäische Eßkultur. Sie konnte kaum etwas von den lieblos zubereiteten Speisen essen, weil sie für sie auf diese Weise nicht heilsam waren. Bei ihnen zu Hause, so erzählte sie, würde beim Kochen gesungen, und nicht nur aus guter Laune, sondern weil der Gesang ein Teil des Kochens ist, der die Speisen mit Liebe und Kraft versieht. Diese Geschichte hat mich sehr betroffen gemacht, mich aber auch angeregt. Ich kann zwar nicht behaupten, daß ich mich an dieses einleuchtende Beispiel immer halte, aber oft gelingt es mir; und wenn wir zeremonielles Essen zubereiten, singen die meisten von uns, um ihre Kraft und ihre Liebe in die Speisen zu legen.

Die meisten unserer Gesänge entstehen spontan bei den Zeremonien selbst und lassen sich auch nicht festhalten, sind aus dem Augenblick heraus geboren und verschwinden nach dem Anlaß, der sie hervorgerufen hat, wieder. Manche von ihnen sind Gesänge der Bekräftigung, manche haben die stetig auflösende Funktion von Medizin. Dies sind meist sehr einfache, aber machtvolle Worte und Melodien, die lange und ausdauernd wiederholt werden. Ich selbst bevorzuge die Chirurgie des Gesanges jedenfalls im Gegensatz zur Chirurgie des Messers. Gesang durchdringt Membranen und löst in den Wassern der Körpererinnerung heilsame chemische Prozesse aus.

Neben all diesen und anderen Möglichkeiten von Tanz und Gesang gibt es eine, die ich nicht vergessen und minder bewerten will: Wir tanzen und singen auch einfach grundlos, aus Freude am Dasein und aus Freude am Miteinandersein.

III.

Der Jahreskreis

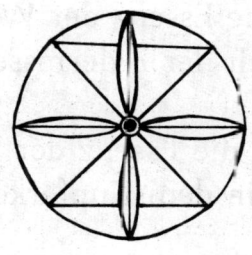

ERDE, die Essenz der Wandlung,
rufe ich mit Stab und Gong.

FEUER, die Essenz der Wesen,
ruf' ich mit der Federrassel.

WASSER, die Essenz der Farben,
rühr' ich in dem Kupferkessel.

LÜFTE, die Essenz der Töne,
schwing' ich mit dem Schwirrholzfaden.

Sara 87

Der Weg des Findens – Ute Manan

In die folgende poetische Darstellung des Jahreskreises fließen meine jetzt elfjährige Beschäftigung damit und die Themen und Forschungen der letzten Jahre ein. Die letzten acht Jahre habe ich die Feste immer mit denselben Freundinnen, Geliebten entwickelt und gestaltet. Manchmal haben wir andere Frauen dazu eingeladen, manchmal haben wir sie im inneren Kreis gefeiert.

Die vier heiligen Gegenstände, um die sich die Jahreskreisdarstellung rankt und die es wieder zu beleben gilt, habe ich im Laufe dieser Zeit gefunden. Alle vier sind in unterschiedlichen Kulturen zu Hause. Alle vier symbolisieren das vergessene Erbe der Frauen. Jeder dieser Gegenstände hat eine mythologisch identische Geschichte: Sie waren in Frauenhand – »vor langer, langer Zeit«, wie die Geschichten erzählen – und wurden dann von den Männern geraubt und von ihnen als Kraftsymbole verwendet. Schwirrholz und Kessel (Gral/Kelch) wurden den Frauen ganz enteignet; das Schwirrholz unter Androhung der Todesstrafe oft allein schon dafür, daß Frauen es hören, geschweige denn, es sehen oder anfassen; der Kessel wurde zum Kelch, dem Symbol des männlichen Blutopfers, der sich seines weiblichen Ursprungs nicht mehr besinnt. Die Federrassel und der Gong wurden ihrer weiblichen Kraft beraubt, und die Symbolik wurde so modifiziert, daß Frauen diese Gegenstände zwar in manchen Kulturen noch benutzen dürfen, aber unter dem Vorzeichen patriarchalischer Inhalte.

So schienen mir diese vier Gegenstände Konzentrationssymbole für die Reise über patriarchalische Philosophien und Weltgestaltungen hinaus. Mit ihnen die weiblichen Riten wieder zu feiern und auf der Suche nach ihnen den weiblichen Initiationsweg zu gehen ist stärkende Magie. Sie führt uns zu den verschütteten, aber auch geschützten und geborgenen Schätzen der Drachinnen, der Hüterinnen des elementaren Gesetzes der Frau.

Sara-Ester und ich haben mit den Gegenständen gespielt, wir haben sie getanzt. Wir haben ihnen in der großen Scheune unserer Freundinnen Dorle Margareta und Barbara Schiran Räume gebaut. Wir haben Tage und Wochen mit ethnologischen Berichten über sie zugebracht. Wir haben Schwirrhölzer und Federrasseln gebaut und mit ihnen gelebt, sie belebt, uns ihren Kräften ausgesetzt, ihre Stimmen gehört, ihre nachhaltigen Wirkungen erfahren. Mein alter, großer Kupferkessel hat in Zeremonien seine Kraft entfaltet. Wir haben ihn umtanzt, in ihm gerührt, bei ihm geschlafen, ihn angeschlagen wie eine Trommel. Er hat Dracheneier beherbergt und Pflanzensamen, Quellwasser und Menstruationsblut. Wir haben uns selbst zum Gong getanzt, haben ihn angeschlagen und gehört, haben mit ihm gesprochen und das Echo, die Antwort gehört. Wir haben Videobänder mit unseren Tänzen gefüllt, mit Spielen um und mit den Gegenständen.

Phillip Deere, Mitglied des Elder's Circle, einer Vereinigung von Medizinfrauen und -männern der Ureinwohner Amerikas, warnte vor dem Mißbrauch heiliger Gegenstände. Er sagt: »Wer heilige Gegenstände aus Unwissenheit zweckentfremdet oder aus Profitgier mißbraucht, der läßt sich auf ein gefährliches Spiel ein. Die spirituellen Kräfte, die diesen Gegenständen innewohnen, können ihm Schaden zufügen. Zeremonien..., die fehlerhaft durchgeführt werden, können lebensgefährliche negative Energien freisetzen.«[25]

An diese Sätze mußte ich denken, als wir uns mit den Gegenständen beschäftigten. Nie haben wir mehr über Schutz nachdenken und ihn auch anwenden müssen als bei dieser Arbeit. Dabei hatten wir es mit Gegenständen zu tun, die wir selbst erst mit spiritueller Kraft aufgeladen haben, die erst im Kontakt mit den Frauen ihre Macht entfalteten. Gleichzeitig haben uns diese Erfahrungen auch bestätigt, daß wir uns bei der Beschäftigung mit dem Bauen, dem Aufladen und dem Erinnern der Kraft der Kraft in uns selbst immer mehr annähern können. Starken Schutz auf dem Initiationsweg bietet die Untersuchung der Motive des eigenen Handelns. Jeder der Gegenstände sollte wie eine Geliebte behandelt werden. Es gibt kein Recht auf ihre Kraft, ohne daß eine ihnen von der eigenen Kraft gibt. Sie können nicht besessen werden, nicht benützt, nicht beherrscht. Eine kann sich ihnen öffnen und sich ihrer Kraft anvertrauen. Sie sind Schlüssel zur eigenen Kraft. Wenn eine sich selbst liebt, wird sie diese Schlüssel nicht mißbrauchen, weil sie damit ihre eigene Kraft mißbraucht.

Wenn eine heiligen Gegenständen begegnet, die bereits aufgeladen sind, so sollte sie spüren lernen, ob die Energie ihr guttut. Für gewöhnlich ist ein Kraftgegenstand nicht gepolt im Sinne von »gut« oder »böse«. Kraft ist Kraft. Aber wenn in einer viel unbewußte, angstbesetzte oder mit monströsen Vorstellungen ausgestattete, gefangene Kraft ist, so wird ihr, ohne Führung und ohne Schulung, *jeder* Kraftgegenstand Schaden zufügen, wenn sie mit ihm in Kontakt geht. Kraftgegenstände kommunizieren mit den eigenen Kraftquellen, und wenn diese gefangen sind in Angst und fratzenhaften Vorstellungen, so werden Angst und Fratzen auftauchen, und – auch wenn dies für spirituell ungläubige Europäerinnen schwer zu verstehen ist – wir ziehen dadurch reale spirituelle Kräfte, die sich von Angst, Haß, Verzerrung etc. nähren, an.

Jeder Schritt auf dem Weg der Freisetzung der eigenen Kräfte und des Wissens um die Gesetze der Frau sollte begleitet sein von Schutz.

Wir weben uns Schutz aus Vertrauen, das ist das eigene innere Feuer;

wir weben uns Schutz aus Klarheit, das ist der weite Ton der Erde;

wir weben uns Schutz aus Aufrichtigkeit, das sind die Gespinste der Lüfte;

wir weben uns Schutz aus Liebe zu den gebannten Kräften, das sind die regenbogenfarbenen Wasser.

Dies ist Schutz *für* lebendiges Wachstum.

Mit diesem Astronautinnengewand sollten wir die Reise wagen können, tief hinein in die Erde, weit hinaus in die Himmel.

Es ist der Weg der Kriegerin, die nicht kämpft im üblichen Sinne;

es ist der Weg der Mächtigen, die nicht Macht ausübt im üblichen Sinne;

es ist der Weg der Leuchtenden, die nicht erleuchtet ist im üblichen Sinne;

es ist der Weg der Liebenden, die nicht liebt im üblichen Sinne;
es ist der Weg der Träumerin, die den uralten Traum der Frauen
heiligt, indem sie dem Traum Wirklichkeit schenkt.

Der Weg des Findens — Sara-Ester

Etwas schreiben zu einem Entstehungsprozeß. Worte zu finden,
dort, wo ich nur sehr unklar fühle. Eine Zusammenarbeit, wie
ich sie mir nicht vorgestellt habe. Kein Arbeitsplan, keine Ab-
sprachen, die Verbindung in der Wurzel einer gemeinsamen
Kultur eines Clans, eines Umfeldes, einer Liebe zueinander. Auf
der Suche nach vier Kraftinstrumenten, auf der Suche nach dem
Ausdruck elementarer Kraft in Wort und Bild. rechteckig lesbar,
schaubar, verkaufbar, mitteilen, anregen, ausdrücken, initi-
ieren. Leben auf dem Lande. Jobben fegen waschen Institutssit-
zung jobben ein Treffen mit einem Wesen aus dem All fegen
spülen jobben lieben Unkraut jäten jobben die Einsamkeit pfle-
gen jobben Gespräche Gespräche Gespräche über mich dich die
Welten Existenzängste Erleuchtungen Telefonrechnungen (un-
bezahlte) Visionen Verbindungen Lebensformen Abgrenzun-
gen.
Und in alldem ein roter Faden, eine fast unmerkliche stetige
Wandlung, der wirksame Zauber einer Berührung mit vier In-
strumenten der Kraft, ein Prozeß, der mich, die Malerin/Sehe-
rin, ihrer Bilder beraubt. Gut und Böse, Schön und Häßlich, der
Goldene Schnitt, sie sind mir verlorengegangen in dem Schrei
des Gongs und den epileptischen Krämpfen des Schwirrholzes,
in der inzestuösen Vibration der Federrassel und der alltäglichen
Tiefe des Kessels. Was bleibt, ist Leben. Einen Schritt vor den
anderen zu setzen, einen Strich neben den anderen; der Mut
zum nächsten Strich wird zum Widerstand gegen die Staatsge-
walt, die Ahnung eines Lebens, eines Ausdrucks in den eigenen
nie gekannten Werten und Gesetzen, die in mir wohnen, wie die
Alge im totgechlorten Hallenbad, die mächtig und schnell zum
Leben erwacht, wenn die Pumpe ausfällt.

*Echo auf der
anderen Seite der Haut*

Der Weg vom 31. Oktober bis zum 2. Februar

GONG

WELLE

ERDINNERES

Schra 87

ERDGESÄNGE

In die Tiefe, in die Tiefe, in die Tiefe,
Wanderin,
in die Tiefe, in die Tiefe, in die Tiefe,
Wanderin,
geh und such den Stein zu finden,
geh und such Zeit zu ergründen.

In die Tiefe, in die Tiefe, in die Tiefe,
Wanderin,
in die Tiefe, in die Tiefe, in die Tiefe,
Wanderin,
geh und wag's, im Spiegel sehen,
geh und wag's, im Feuer stehen.

In die Tiefe, in die Tiefe, in die Tiefe,
Wanderin,
in die Tiefe, in die Tiefe, in die Tiefe,
Wanderin,
geh und schenk den Tropfen Blut,
der aus deinem Schoß gerinnt.
Geh und schenk der Ahnin Kräfte,
die nicht nur die deinen sind.

Aus der Tiefe, aus der Tiefe, aus der Tiefe,
Wanderin,
aus der Tiefe, aus der Tiefe, aus der Tiefe,
Wanderin,
hörst du dann das Echo dringen
aus dem Mark der ganzen Welt.
Hörst du dann die Zauberformel,
die die Welt zusammenhält.

31. Oktober
Halloween • Samhain • Hexenneujahr

Der Traum

In eine kleine Schale aus Glas lege ich meine Ringe. Meine Kleider hänge ich über einen Stuhl. Der Raum, in dem ich mich befinde, ist klein und spärlich eingerichtet. Ein Warteraum. Ich spüre es. Es gibt keine Tür. Ich weiß nicht, wie ich hereingekommen bin. Plötzlich ist der Raum weit und groß. In der Mitte ist eine lange Tafel gedeckt, Kerzen stehen darauf und verbreiten ein warmes Licht. »Willkommen«, sagt eine uralte Frau, deren Gesicht so faltig ist, daß Mund und Augen darin kaum zu erkennen sind. Sie führt mich behutsam an einen Platz. Mir ist meine Nacktheit peinlich bewußt. Sie streicht mir, als hätte sie meine Gedanken erraten, über den Rücken, kritisch, als wolle sie mein Fleisch und dessen Beschaffenheit prüfen.
Rund um den Tisch sitzen prächtig gekleidete Frauen. Nur ich bin nackt. Keine der anderen widmet mir Aufmerksamkeit. Mir ist unbehaglich zumute, und gleichzeitig bin ich neugierig. Die Frauen scheinen mir schön und sinnlich. Ich wünschte, wenigstens eine würde mich bemerken. Ich habe diesen Wunsch kaum gedacht, als sich mir eine zuwendet. »Willst du leben?« fragt sie, in einem Ton, als wollte sie fragen: »Möchtest du noch Obst?« Die Alte ist an meine Seite gehuscht. »Bei euch Menschenfrauen heißt das, willst du sterben?« flüstert sie mir zu. Ich erschrecke und sage förmlich: »Ich glaube, meine Erdenzeit ist noch nicht abgelaufen.« Die Frauen lachen so heftig, daß sich eine fast an ihrem Essen verschluckt, andere schlagen sich auf die Schenkel vor Vergnügen. »Ich habe dich nicht gefragt, ob du denkst, dein Erdenleben sei noch nicht zu Ende. Ich habe dich gefragt, ob du leben willst.« – »Ja«, sage ich plötzlich. Mein Herz klopft bis zum Hals. »Ja, ich will leben.« – »Das freut uns, es ist lange keine mehr zum Rat gekommen, und wir sollten die Entscheidungen wieder gemeinsam treffen, Frauen aus allen Welten.«

Alle blicken mich jetzt an. Ihre Blicke sind ruhig und ohne Emotionen, die ich entschlüsseln könnte. Eine nach der anderen hebt ihr Glas, dessen Inhalt im Kerzenlicht rot funkelt. Die Alte berührt meinen Schoß. Ihre Hände fühlen sich wie brüchige Seide an. Das Blut meiner fruchtbaren Tage wird von ihr in einer schimmernden Schale aufgefangen. »Ich mache dir Medizin daraus. Zum Sehen in der Dunkelheit«, sagt sie zärtlich.

Die Zwiesprache

Spiralig steigt der Weg hinauf zum alten Tanzkultplatz auf dem Gipfel des Berges. Am südöstlichen Rand der letzten Kehre steht die Steinerne Wächterin. Ihr Blick geht auf die Drachenberge, drei Steinrücken, lang gezackte Riesinnen im kargen Land. Zwei von ihnen scheinen zu schlafen, eine ist immer auf dem Sprung in die Himmel, startbereit und angespannt wirkt ihr Rücken. Wind zaust an meinem Gewand und meinem Haar. Bis in den Herbst hinein treffen sich hier oben Drachenflieger, ganze Gruppen junger Männer und Frauen, die sich mit ihren Metallgestellen und den bunt darüber gespannten Flügeln in den Wind werfen und sich tragen lassen. Heute ist es neblig. Niemand außer mir ist auf dem Plateau. Die Nebelschwaden wallen rund um die Gipfel, wie Frauengestalten, die sich zeigen und wieder verschwinden. Ich wandere zur Wächterin, setze mich mit dem Rücken an den Stein, der niemals ganz kalt ist, auch im Winter nicht.

Ich ziehe meine Sopraninoflöte aus dem seidenen Etui, das eine Freundin für mich gefertigt hat, und spiele mit dem Wind zusammen ein Lied für die steinerne Gestalt, die das Tor zu den Drachinnen bewacht. Alles, was wir berühren, verändert sich, und durch alles wollen wir uns berühren, verändern lassen. Mein Rücken wächst mit dem Stein zusammen, wir atmen gemeinsam. Die Wächterin berührt mich, ich berühre die Wächterin. Austausch.

Nach einer Weile frage ich sie nach dem Rat der Frauen. Ich

frage, ohne die Lippen zu bewegen, frage mit dem Herzen, mit
meiner ganzen Essenz. »Wer sind sie, diese Frauen?« frage ich.
»Wer bist du, wer bist du?« kommt das Echo der Wächterin. In
meinem Körper schwingt die Antwort, lange vergessene Antwort wie Flügelschläge. »Fluche nicht, aber sei Fluch. Räche
nicht, aber sei Rache. Morde nicht, aber sei Tod. Gebäre nicht,
aber sei Leben. Der Rat ist die Hüterin der Formel. Wenn die
Erde nicht ermordet werden soll, muß die alte Formel erneuert
werden.«

Stille, nur der Wind pfeift hell um den Berg. Ich habe längst gelernt, nicht nach praktischen Details zu fragen. Es gibt keine
Antworten für mich, wenn ich frage: »Was soll ich jetzt tun?
Wie soll ich es machen?« Mein Alltag entschlüsselt mir die
Schritte, die zu gehen sind. Absicherungen gibt es nicht. Alles,
was ich spüre, ist der Wunsch, an dieser Erneuerung mitzuarbei-
ten. Und die unbekannte Leere, in die ich mich mit dieser Entscheidung begebe.

Das Treffen

Unsere Töchter haben uns ein Geschenk gemacht für die drei
Tage des Treffens und der Handlung. Sie werden sich um das
Holz für die Öfen kümmern, die Hunde ausführen, die Schafe
und Ziegen füttern, so daß wir von den alltäglichen Pflichten des
Hauses befreit sind.
Zu zweit richten wir den Raum für das Treffen. Zwei andere
Frauen haben sich bereit erklärt, für das Festmahl einzukaufen.
Fünf werden sich während der Tage das Kochen aufteilen. Drei
haben sich das Abspülen vorgenommen, und eine wird sich um
Tabak für den Rauch und sonstiges Räucherwerk kümmern. Den
Kuchen zum Empfang haben wir noch selbst gebacken. Danach
werde ich drei Tage nicht kochen und abspülen müssen, allein
das ist ein Genuß. Nachdem alle da sind, werden die Gästinnen-
betten besichtigt, und es wird ausgewählt, welche wo schlafen
will. Nach dem gemeinsamen Begrüßungskaffee gehen alle ihre

eigenen Wege. Wir treffen uns bei einbrechender Dunkelheit im Zeremonienraum.

Die Mädchen haben für einen warmen Raum gesorgt. Herbststräuße stehen in großen Vasen. Kerzenlicht erfüllt den Raum. Ein zweieinhalb Meter langes Mobile mit Planetendarstellungen hängt von der Decke, eine gemeinsame Kreation eines lang vergangenen Festes. Das achtspeichige Rad liegt in der Mitte des Raumes. Ein Mistelzweig liegt an der Speiche für Halloween, das Neujahr der Hexen, eine Efeuranke hat sich zu ihr gesellt. Kröten aus Ton, aus Kupfer und eine aus Holz sitzen zwischen den Pflanzen. Die Mitte des Rades ist leer – dorthin werden wir unsere mitgebrachten Dinge legen. Eine Trommel beginnt leise, ein Klangholz und noch eines fallen ein. Reisebericht in Tönen. Nach und nach gesellen sich andere Musikinstrumente dazu. Erzähl von deiner Reise, Schwester, sing von deinen Wegen.

Langsam löst sich eine der Frauen aus dem Kreis um das Rad und geht in die Mitte. Sie tanzt ihren Weg, bedächtig erst, zärtlich, tastend, suchend, dann voller Zorn und voller Kraft. Als sie geendet hat, legt sie eine kleine, silberne Doppelaxt in die Mitte. Die nächste legt wortlos die abgestreifte Haut einer Schlange zur Doppelaxt. Ein großer, glänzender Obsidian kommt dazu. Kalis Fluch, wie er im Mahanirvanatantra steht, liegt dort, auf feinster Elefantenhaut geschrieben und reich verziert, wie aus einem mittelalterlichen Buch entnommen. Die Form, der du außerhalb von dir fluchst, wird auch in dir sterben, um neuem Ausdruck, neuer Form Platz zu machen.

Eine trägt ein Schleiergewand, schwarzer Grund, auf dem alle Farben des Regenbogens metallig schimmern. In der linken Hand trägt sie den Granatapfel, die Frucht des Todes und der Wiedergeburt, voller Kerne, voller neuer Möglichkeiten. Langsam beginnt sie zu tanzen. Sinnlichkeit, Lockung, zentrierte Kraft. Ist es die Angst vor der Verwandlung, durch die Berührung mit ihrer Kraft, nie wieder so zu sein wie vorher, die uns alle starr an unseren Plätzen bleiben läßt? Wie wenig wir wissen über Tod und Liebe, Tod durch Veränderung, Auflösung der alchemistischen Formel »Tod-Trennung-Schmerz«. Vor meinen

Augen tanzt eine das Gesetz, und ich bin unfähig, mich zu bewegen, weil die patriarchale Formel in meinen Adern brennt. Langsam verstummt die Musik. Wir sind alle gleichermaßen betroffen.

»Danke, ich weiß, wie schwer es ist, keine Antwort zu erhalten. Dennoch hast du mich erreicht, mich erinnert, mich berührt.« Über meine und ihre Wangen laufen Tränen. Sie nickt. Ihr Lächeln ist dünn und erschöpft. »Es ist gut. Es ist, was ich geben konnte. Berührung-Tod-Verwandlung. Wir brauchen neue Ausdrücke dafür.«

Wir beschließen, im Zeremonienraum zu übernachten, rund um das achtspeichige Rad.

Die Handlung

Streife den Schmuck ab, Symbol deiner Kraft und deines Schutzes.

Streife dein Gewand ab, Symbol deines Ausdrucks und deines Schutzes.

Streife deinen Geruch ab, Ausdruck deiner alchemistischen Prozesse.

Benetzt wirst du von den Wassern der alten Quelle, gereinigt von den Gerüchen des letzten Jahres.

Umgeben wirst du vom Rauch der Tollkirschenblätter, geöffnet für die Passage des dunklen Lichts.

Was schenkst du von deinen Früchten des Jahres, damit die Kraft des uralten Traumes der Frauen wachsen kann?

Was gibst du an Angst, an Verzerrung, an Illusion, damit es gewandelt werden kann in Kraft, den uralten Traum der Frauen wachsen zu lassen?

Drei von uns menstruieren. Sie übernehmen die Position der Alten im schwarzen Zelt des dunklen Lichts. Dorthin begibt sich jede von uns schmucklos, nackt, gereinigt und durch den Rauch der Tollkirschenblätter gewandert. Wir legen unsere Geschenke

vor den Alten ins Zelt. Jede bittet um Wandlung, um Tod, um
verändernde Berührung für eine bestimmte Angst, einen
Schmerz, eine verzerrte Wahrnehmung, Selbstmitleid, Illusio-
nen – je nachdem, was einer Frau am wichtigsten ist, daß es sich
verändern möge in lebendige Kraft.

Raum für den Traum, Raum für den Traum.
Geh zu den inneren Toren.
Raum für den Traum, Raum für den Traum.
Leg an die Quelle die Ohren.

Der einfache Refrain wird stundenlang gesungen, gewinnt dadurch an Kraft und Stärke. Manchmal fällt eine Flöte ein und in-
toniert eine Melodie darüber hinaus, manchmal ist es Gils Saxophon. Der Refrain wird so lange gesungen, bis jede von uns die
Alten besucht hat und wieder in den von Kerzenschein erhellten
Raum tritt.
Das Festmahl ist wunderschön. Es gibt rote, schwarze und weiße
Speisen. Die Mädchen sind eingeladen, und zu sechzehn Frauen
feiern wir den Abschluß des alten Mondjahres.

KRIEGERINNENGESÄNGE

Die Geliebte der Erde bin ich.
Meine Geliebte ist Sie.
Die Gefährtin der Erde bin ich.
Meine Gefährtin ist Sie.

In ihrem Schoß will ich tanzen.
Meine Geliebte ist Sie.
Aus ihrer Quelle will ich trinken.
Meine Geliebte ist Sie.

Die Kraft meines Herzens will ich ihr geben.
Meine Geliebte ist Sie.
Die Glut meines Wunsches will ich ihr schenken.
Meine Geliebte ist Sie.

Mutter will ich der Erde werden.
Meine Geliebte ist Sie.
Schwester will ich der Erde werden.
Meine Geliebte ist Sie.

Meine Entscheidung hab' ich genommen.
Meine Geliebte ist Sie.
Ihren wahren Namen vernommen.
Meine Geliebte ist Sie.

Töchter tanzen wir heute gemeinsam.
Meine Geliebte ist Sie.
Formen die Welt nach alten Gesetzen.
Meine Geliebte ist Sie.

21. Dezember
Wintersonnenwende • Yule

Der Traum

An der Hand meiner Lieblingstante wandere ich eine Straße entlang. Ich bin ein kleines Mädchen von etwa fünf Jahren. Ich habe das Gefühl, ich müßte die Straße von irgendwoher kennen. Aber ich erinnere mich nicht. Vor einem Gartentor bleibt meine Tante mit mir stehen. Freundlich sagt sie: »Wir sind zu Hause.« Ich sehe verwundert zu ihr auf. »Nein«, sage ich, »hier bin ich nicht zu Hause.« – »Komm!« sagt sie bestimmt. »Du hast es nur vergessen. Das hier ist dein Elternhaus.« Ich versuche, meine kleine Hand aus ihrer zu lösen. »Nein«, schreie ich, »nein«, und dann beginne ich zu wimmern. Meine ganze rechte Seite ist wie gelähmt. Ich höre mir selbst zu, wie ich immer wieder schluchzend flüstere: »Ich habe kein Mutterhaus, nein, ich habe kein Mutterhaus.«
Endlich kann ich der Tante die Hand entziehen und beginne zu rennen. Laufe die fremde und doch bekannte Straße hinunter, vorbei an erleuchteten Fenstern. Noch immer sticht und schmerzt meine rechte Seite, ich renne hinkend, ziehe das rechte Bein, das fast taub ist, nach. Ich laufe auf den Güterbahnhof meiner Kindertage zu. Die Schranke senkt sich. »Oh, nein«, denke ich, »oh, nein.« – »Hier entlang«, flüstert eine Stimme. Ich kann die Person, zu der die Stimme gehört, nicht sehen, aber ich folge ihr. Im aufgeschütteten Damm, auf dem der Zug dahindonnert, ist eine kleine Tür. Ich renne hinein. Hinter mir schlägt sie zu. Ich kann nicht haltmachen, renne weiter, stolpere, falle, Hände fangen mich auf in der Dunkelheit. Unter der Berührung spüre ich, daß ich wieder den Körper einer erwachsenen Frau habe. Eine lacht. Ich sehe nichts, atme stoßweise. Zu meiner Verwunderung ist das alles, was ich tue. Ich atme. Ich fühle nichts. Keinen Schmerz mehr, keine Angst hier in der Dunkelheit, keine Freude, nichts Fremdes, nichts Vertrautes, Nichts.

Langsam beruhigt sich mein Atem. In der Dunkelheit nimmt eine große Halle Konturen an. Irgendeine entzündet ein Licht. Als erstes sehe ich den Gong, riesig und golden hängt er von der Decke. Vor ihm steht eine Frau in bunten Gewändern, wie die Frauen in Afghanistan sie tragen. In einem großen Kreis sitzen die Frauen, die ich schon kenne. »Der Rat«, durchfährt es mich. Sie sitzen auf Kissen, ihre Gewänder sind alle gleich, lange Tücher aus indigoblauer Seide, dazwischen ein Blau wie Gewitterwolken und ein Türkis wie ruhige Meerbuchten. Ich stehe am Rande des Kreises. Die Frau mit den bunten Gewändern holt mit einem Klöppel aus und schlägt auf den Gong. Sein Klang breitet sich in mir aus. Aus den Augenwinkeln nehme ich eine Bewegung wahr. Bevor ich mit Bewußtsein aufnehmen kann, was es ist, gleitet es auf mich zu, in einer Geschwindigkeit, die mir keine Bewegung mehr ermöglicht. Es ist eine riesige, schwarze Schlange. Vor mir richtet sie sich auf und beißt blitzschnell in mein Sonnengeflecht. Jetzt höre ich den Klang des Gongs in mir, ansteigend, rauschend, mich durchdringend, durch meinen Körper rasend, so daß ich denke, ich müßte bersten. Ich halte mir die Ohren zu, aber der Klang in mir steigt und steigt. »Atme«, zischt die Schlange mir zu, »atme, tanze, atme.« Ich atme und beginne mich zu bewegen. Der Klang bewegt mich. In meinen Zellen ist Licht.

Die Zwiesprache

»Schwesterchen, komm tanz mit mir, tausend Schritte zeig' ich dir. Einmal hin und einmal her, rundherum, das ist nicht schwer.« Während ich den Spiralweg zur Steinernen Wächterin hinaufwandere, habe ich immerzu dieses Lied im Kopf. Irgend etwas am Text stimmt nicht. Aber es ist egal. Ich summe es den ganzen Weg vor mich hin. »Schwesterchen, komm tanz mit mir, tausend Schritte zeig' ich dir. Einmal hin, einmal her, rundherum, das ist nicht schwer.« Der Tag ist grau. Es riecht nach Schnee. Oben pfeift der Wind wie immer. Er ist kalt und durchdringend. Mich friert. Ich umrunde das Plateau und steige dann das Stückchen zur Wächterin hinunter. Heute sind meine Finger klamm. Ich kann nicht auf der Flöte spielen. Dafür singe ich ihr meinen Ohrwurm vor, immer wieder. Ich schmiege mich an sie und singe. Ein bißchen töricht erscheine ich mir, aber stärker als dieses Gefühl ist das Lied, das mir nicht aus dem Kopf will. Ich sitze einfach da, im Windschatten ihres Steinkörpers, und singe dieses Kinderlied. Wie immer höre ich ihre Stimme in meinem Körper. Sie ist Schwingung, die ich zaghaft in menschliche Sprache übersetze. Übersetzungsfehler können vorkommen, und außerdem weiß ich, daß ich nur so übersetzen kann, wie weit mein eigenes Verständnis reicht. Die Stimme wärmt mich. Sie sagt: »Du kannst aufhören. Ich tanze doch immer. Und manchmal tanzen wir sogar gemeinsam, findest du nicht?« Ich lache und schmiege mich enger an den Stein. »Kannst du meinen Traum spüren?« frage ich sie.

»Schön, daß du dich entschlossen hast, dein Selbstmitleid aufzugeben«, sagt sie mit liebevollem Spott. »Das ist das Ermüdende und Langweilige an Menschen, daß sie oft nach etwas jammern und es dann lieber doch nicht haben wollen. Du, zum Beispiel, hast jahrzehntelang nach deinem Mutterhaus gejammert, hast Tränen vergossen und dich bemitleidet, daß du keine Heimat hast. Aber siehst du, in der Heimat sein heißt Bewußtsein haben, und Bewußtsein haben heißt Entscheidungen treffen, und Entscheidungen treffen heißt, sie auch zu verantworten. In deinen Traumzellen ist Licht. Du weißt. Also hast du auch die Aufgabe zu entscheiden: die Formen der Wahrheit für dein nächstes Jahr. Der Gong macht es möglich, sobald du bereit bist, ihn in dir wirken zu lassen. Echo auf der anderen Seite der Haut.« – »Sie hat recht«, denke ich, »warum ist mir bang vor der Konsequenz dessen, was ich mir so sehr gewünscht habe?«

Das Treffen

Wir haben uns für Sonnenaufgang an der Quelle der Alten verabredet. Es ist nicht ganz einfach. Während der Nacht ist ununterbrochen Schnee gefallen. Die Straßenverhältnisse sind katastrophal, und die wenigsten von uns können zu Fuß zur Quelle gehen. Für manche ist es schon bei guter Witterung mehr als eine Autostunde bis dorthin. Sara, Maria, Birgit, die beiden Töchter – Miriam und Grischa – und ich brechen um vier Uhr morgens auf. Um halb acht wird die Sonne aufgehen. In einer Tasche haben wir Thermoskannen mit heißem Apfelsaftpunsch. Die Öfen sind geheizt, das Frühstücksbüfett aufgebaut, Tücher sind darüber gebreitet. Wenn wir später alle hierher zurückkommen, soll alles fertig sein für die hungrigen Frauen.

An der Quelle ist es fast noch dunkel. Die Bäume rundum heben sich nebelhaft und schwarz vom tiefgrauen Himmel ab. Wir sind die ersten. Schweigend verteilen wir uns. Jede sucht ihre Lieblingsstelle auf. Ich steige langsam den Abhang über der Quelle hinauf. Dort oben steht eine Buche, deren Stamm sich schon in etwa einem Meter Höhe teilt, die Zwillingsbuche. Von dort oben kann ich den Parkplatz, der einen guten halben Kilometer weiter bachabwärts liegt, sehen. Unter mir singt die Quelle ihr vielstimmiges Lied. Von irgendwoher, aus den Büschen im Norden, höre ich Marias Trommel. Auf der kleinen Brücke, im Osten, springen die beiden Mädchen hin und her. Ich höre ihr Lachen und das Lied, das sie beim Springen singen
»Wenn ich nur wüßte, was ich weiß,
wär' mir nicht halb so kalt noch heiß.«
Hin und zurück auf der Brücke, dem Zugang zur Quelle:
»Wenn ich nur wüßte, was ich weiß,
wär' mir nicht halb so kalt noch heiß.«
Die Mädchen faszinieren mich oft mit ihren scheinbar nichtsahnenden Singsangs und Spielen, mit denen sie uns Botschaften geben oder uns mit ihrem Wissen erstaunen. Ich möchte sie mit ihren spontanen und wenig weihevollen Möglichkeiten des Ausdrucks nicht missen. Über einen kleinen, sich dunkel von den weißen Feldern abhebenden Weg kommt Heide mit ihrer Hündin Hera. Stolze, wilde Frau; stolzes, schönes Tier. Es ist ein tiefes Glück in mir, die Freundin mit ihrem federnden Gang dort aus dem verhangenen Süden kommen zu sehen. Dankbarkeit

empfinde ich für all die Kraft und die Einmaligkeit, mit der wir uns einfinden, um gemeinsam verrückt genug zu sein, es zu riskieren, das Universum neu zu definieren, bevor es im Wahnsinn männlicher Machtgier zerbricht. Unten an der Brücke wird sie aufgehalten. Die Mädchen, mittlerweile ist auch Tina, die dritte, dabei, stehen wie Wächterinnen und singen ihr Lied:

»Wenn ich nur wüßte, was ich weiß,
wär' mir nicht halb so kalt noch heiß.«

Sie blicken die Frau vor ihnen an und fragen sie ernst und feierlich und dabei trotzdem kichernd: »Was weißt du? Vorher kannst du die Brücke nicht passieren.« Ich spitze die Ohren, da oben auf meinem Sitz zwischen den Schenkeln der Zwillingsbuche. »Ich weiß, daß der kalte Schnee die Erde wärmt; ich weiß, daß im Schwarz alles Licht enthalten und daß sich im Weiß die Farben entfalten.« Sie macht eine kleine Pause und fragt dann verschmitzt: »Genügt das?« – »Na klar«, rufen die Mädchen und geben die Brücke frei. Nach ihr kommt Varuna, und auch sie muß erst etwas über ihr Wissen von sich geben, bevor sie durchgelassen wird. Diese kleine Zeremonie der Mädchen gefällt mir. Ich sitze und höre.

»Heut fand ich ein paar dürre, bleiche Knochen
und las sie auf, tat sie in einen Sack,
sie auszuwerfen und die Zukunft zu befragen,
wenn mich modernes Zeug im Stich gelassen hat.«

Varuna darf kommentarlos passieren. Ich höre den Worten nach, irgendwoher kenne ich sie. Dann fällt mir ein, daß ich sie von einer Heilerin, Brook Medicine Eagle, aus dem Stamme der Crow, kenne.

Mittlerweile sind alle Frauen angekommen, haben, jede auf ihre Art, die Alte in der Quelle begrüßt und dann einander. Langsam steige ich den Hügel hinunter und geselle mich zu ihnen. Wir trinken den warmen Punsch. Es ist die Freude, einen schönen Wintermorgen an einem heilenden Ort mit all diesen mutigen, verrückten, geliebten Frauen zu erleben, die mich still und gelassen sein läßt. Vor langen Jahren war diese Wirklichkeit hier ein Traum gewesen, Wunschtraum, Hoffnung, ersehnte Möglichkeit.

»Die Geliebte der Erde bin ich.
Meine Geliebte ist Sie.
Die Gefährtin der Erde bin ich.
Meine Gefährtin ist Sie.

Die Geliebte der Kriegerin bin ich.
Meine Geliebte ist Sie.
Die Gefährtin der Kriegerin bin ich.
Meine Gefährtin ist Sie.«

Ich summe vor mich hin. Maria legt den Arm um mich. »Es ist gut, miteinander zu leben«, sagt sie. Leichtfüßig gehen wir zum Parkplatz. »Ich hab' Hunger«, ruft Miriam. »Ich auch, ich auch, ich auch«, ein fröhlicher Chor antwortet ihr.
Am Abend im Zeremonienraum. Das achtspeichige Rad liegt ausgebreitet. Heute ist die Achse der Wintersonnenwende belebt. Beinwellwurzeln, getrocknete Holunderblüten. Blumensamen, Obstkerne, Gemüsesamen haben sich dort zu einem Mandala vereinigt. Das Zentrum des Rades ist leer, wie immer. Noch bevor irgendein Ton eines Instrumentes ertönt, geht Gil zielstrebig auf die Mitte zu. Sie legt sich hinein, krümmt sich wie ein Embryo zusammen und bleibt. Nach und nach beginnen die Instrumente von der Reise der Frauen zu erzählen. Eine trägt eine Lilie zu Gil herein. Eine andere einen Kristall. Sara legt ein Bild ins Zentrum, neben Gils Stirn. Auf dem Bild ist ein Ei, oder ein Samenkorn. Nebelhaft entfaltet sich daraus eine Gestalt. Darunter steht: Entscheidung, Metamorphose, Liebe zur Form.
Runa wandert mit einem hölzernen Hörrohr von einer zur anderen, zum Fenster, zum Ofen, zu den Pflanzensamen. Ihre Pantomime ist witzig und traurig zugleich. Sie zeigt, daß sie nichts hört, daß sie nichts versteht, daß sie wandert und wandert mit ihrem Hörrohr. Ich schleiche hinaus, um den Gong zu holen, vielleicht hört sie dessen Töne. Ganz leise beginne ich zu schlagen. Sie stutzt, hört, sucht, sieht sich um. Der Gong wird lauter. Sie hört. Ich schlage ihn, wie die Frau in meinem Traum den Gong geschlagen hat. Sie zittert als Antwort, zittert und zittert

und beginnt dann zu tanzen. In mir ist wilde Aufregung. Ich habe nichts von dem Traum erzählt, und dennoch erlebe ich ihn jetzt wieder. Die Rollen sind vertauscht. Und nicht ich bin es, sondern es ist Runa, die meinen Traum erzählt, vortanzt, spielt. Echo auf der anderen Seite der Haut.

Wieviel wir voneinander wissen, wieviel wir miteinander teilen, ohne uns durch »Mauldünnschiß« (ein Ausdruck, den eine Mohawk-Medizinfrau, die bei uns zu Besuch war, gebrauchte und der uns allen gut gefiel) alles erzählen zu müssen. Gil beginnt sich zu regen. Sie streckt sich , kommt auf die Knie, in die Hocke, steht langsam auf und beginnt mit Runa zu tanzen. Jetzt begleiten die Instrumente den Gong und die Tänzerinnen. Die beiden berühren einander. Ihre Körper winden sich umeinander, als wären sie zwei Schlangen, dann gleiten sie wieder auseinander.

Bis alles mitgeteilt und erlebt ist, ist es weit über Mitternacht geworden. Wir beschließen, das Festmahl auf morgen zu verschieben. Die Mädchen und einige der Frauen haben sich schon zurückgezogen. Im Raum ist es langsam kalt geworden. Wir haben vergessen, nachzuheizen. Aber erst jetzt, wo wir beschließen, schlafen zu gehen, fällt uns die zunehmende Kälte auf.

Die Handlung

Die hölzerne Gongfrau hat Gils Platz in der Mitte des Rades eingenommen. Wie gestern versehen die Mädchen das Amt der Pförtnerinnen. Jede hat einen aufgebrochenen Granatapfel in der Hand. Jede Frau, die den Raum betreten will, ißt mindestens einen der Kerne und kann dann hinein. Eine der Frauen trägt eine Elefantenmaske. Sie setzt sich zu dem Mandala aus Wurzeln und Samenkörnern. »Ich bin das Gedächtnis und die Erinnerung. Ihr könnt mich berühren, um euch zu erinnern, was eure Aufgabe ist. Nehmt eure Aufgabe entgegen, aus den weiten Windungen des Gehirns der Elefantenkuh. Wünscht euch die Form, den Ausdruck, die Gestalt, in und mit der ihr die Aufgabe wirkungsvoll und klar, liebevoll und kühn bewältigen könnt.«

Eine nach der anderen setzt sich vor die Elefantenfrau, berührt ihre Hände, sieht in ihre Augen, die durch die Maskenschlitze schimmern.

»Du bist die Geliebte der Erde.
Deine Geliebte ist Sie.
Erinnere dich des inneren Lichts,
das aus Dunkelheit wird und sich formt.
Ohne den Weg in die Weite der Nacht,
in die lebenden Räume des Traumes,
gibt es kein Licht, gibt es kein Wort,
gibt es nicht Liebe, nicht Pflanze noch Baum.«

Alle haben die Elefantenfrau berührt, warten, denken nach, sind versunken in das, was sich ihnen eröffnet hat. Wir bilden einen Kreis um das Rad. Langsam wiegen wir uns, Hüfte an Hüfte. Legen zusammen, was wir an Aufgaben übernommen haben, fügen ineinander, Kühnheit, Klarheit, Wirkkraft, Liebe. Wiegen uns. Ich entschlüpfe dem Kreis und stelle mich ruhig neben die Gongfrau in die Mitte. Das Wiegen wird stärker. Ich spüre, wie Wille und Kraft, Liebe und Klarheit, Mut und Entschiedenheit mich umgeben. Wie aus der Weite der Mittwinternacht der Traum erneut gewoben wird, uralter Traum der Weberinnen in allen Kulturen. Dichter und dichter wird der Tanz, wird die Kraft, wird der Mut, wird die Liebe. Ich schlage den Gong. Sein mächtiger Klang entzündet die Flamme des inneren Wesens, des Kerns jeder Anwesenden. Der Tanz der Formgebung, der mächtigen, wirklichkeitsschaffenden Kraft tanzt sich durch die Frauenkörper, lebt in ihnen, wirkt in ihnen und über sie in die Welt hinaus.
Stunden später ein köstliches Mahl. Die Wildsau, die schwarze Sau Kalis, Freyas, Hekates, schmeckt allen vorzüglich. Für die drei ist an unserm Tisch gedeckt. Später werden unsere Hunde mit den Speisen von ihren Tellern beschenkt. Die Hunde der Percht oder Morgan le Feys, die von der Mittwinternacht bis zum 6. Januar die Wilden Frauen auf der Jagd begleiten.

Find' ich die Federrassel
in deinem Haar

FEDERRASSEL

VIBRATION

ERDÄUSSERES

Schrop 87

Ahninnengesänge

Wohin steig' ich,
wohin geh' ich?
Welchen Weg hab' ich genommen?
Aus dem Dunkel meiner Schwestern
hab' ich Töne bald vernommen.
Aus den Türmen an den Riffen,
Aus den Falten meiner Seele
legen silberhelle Schiffe
ab, um Meere zu besegeln.

Wohin steig' ich,
wohin geh' ich?
Welchen Weg hab' ich genommen?
Aus dem Licht der Dunklen Mutter
hab' ich Fäden aufgenommen
zu den silberhellen Schiffen,
zu den Türmen an den Riffen,
so wie einst in dichtem Nebel,
um der Zeit ihr Recht zu geben.

Wohin steig' ich,
wohin geh' ich?
Welchen Weg hab' ich genommen?
Aus dem Haar der so Geliebten
hab' ich Zöpfe mir geflochten
zu den silberhellen Schiffen,
zu den Türmen an den Riffen.
um die Erde zu berühren,
um die Trauer zu verlieren.

Wohin steig' ich,
wohin geh' ich?
Welchen Weg hab' ich genommen?
Aus dem Blut der alten Dirne
ist die Wahrheit mir geronnen.
Zu den silberhellen Schiffen,
zu den Türmen an den Riffen
flieg' ich jetzt durch klare Räume.
Komm' ich an, dort, wo ich träume.

2. Februar
Lichtmeß ● Brigit

Der Traum

Ich sitze in einer uralten Steinpyramide im Urwald. Die Pyramide ist leer. Nur in der Mitte eine niedere Steinbank. Dort habe ich mich niedergelassen. Weit über mir ist in der Pyramidenspitze eine kreisrunde Öffnung. Diffuses Licht dringt von dort ein und in einem regelmäßigen Rhythmus Zeittropfen, die sich kurz über mir öffnen, um mich zu umhüllen und um dann unter mir davonzugleiten. Ich sitze lange dort auf der Bank. Nichts bewegt mich. Ich atme, ich erwarte den nächsten Zeittropfen, spüre, wie er sich kurz über mir öffnet, um mich aufzunehmen, fühle die Umhüllung und das Davongleiten. Das ist alles. Lange Zeit.

Dann höre ich plötzlich schlurfende Schritte auf dem Steinboden der Pyramide. Ich drehe mich nicht danach um, erwarte das Erscheinen der Person, die diese Schritte macht, mit derselben Ruhe wie die Zeittropfen. Es ist die Alte aus meinem ersten Traum. »Da«, sagt sie, »deine Medizin. Mit ihr kannst du in der Dunkelheit sehen.« Sie gibt mir eine wunderschön gearbeitete Phiole, in der mein Blut wie Granat funkelt. »Danke«, sage ich, »soll ich es trinken?« Sie lacht heiser und gibt mir keine Antwort. Statt dessen setzt sie sich mit dem Rücken zu mir auf den Boden, so daß sie zwischen meinen Schenkeln lehnt. »Kraule mir das Haar!« Ihre Stimme gebietet. Meine Hände fassen sanft in ihr wirres, zerzaustes Haar. Es wird immer mehr, nimmt mein ganzes Gesichtsfeld ein. Es sind Nester darin von bunten Vögeln, von Adlern und von Raben. Ich entdecke ein kleines Schlangennest und zwei oder drei Nester von Rebhühnern. Es ist immer noch der Kopf der Alten, und ihr Haar. Aber alles ist riesig, wie ein verwilderter Wald auf seidigem Boden. »Nimm dir ein paar Federn mit«, sagt sie streng. Ich nehme aus jedem Nest eine Feder und ein Stück abgelegte Schlangenhaut aus dem Schlangennest. »Leg das wieder hinein.« Sie kichert. »Mach keine Vorratswirtschaft. Das ist eine schädliche Angewohnheit. Du brauchst nur die Federn.«

Also lege ich die Schlangenhaut wieder ins Nest. »Einst waren die Töchter zuallererst die Bräute ihrer Mütter.« Unvermittelt sagt sie diesen Satz. Plötzlich ist ihr Kopf wieder zu normaler Größe geschrumpft. »Einst«, sagt sie gedehnt und schüttelt halb bedauernd und halb verärgert den Kopf. »Du hast alle Zeit«, sagt sie, »aber nicht genug, um herumzutrödeln.« Damit schlurft sie davon. Ich sehe ihr nach, bis sich ihre Gestalt in dem dämmrigen Licht verliert. Nach einer Weile kommt ihre Stimme aus der kreisrunden Öffnung der Pyramidenspitze »Lieblich, lieblich, lieblich!« kreischt sie, als wollte sie jemanden nachäffen. »Reib dich mit deiner Medizin ein, du. Und sieh zu, daß du im Dunkeln sehen kannst, wenn du hinausgehst in des Tages Licht, he du. Und dann beeil dich, bevor der Vulkan ausbricht. Kapiert? Geh an deine Arbeit, verdammte Schlampe.« Ihre Stimme überschlägt sich fast vor Empörung. Ich habe keinerlei Emotionen. Als ich die Phiole öffne, steigen Schlange und Gong heraus, verneigen sich beide vor mir und sagen wie aus einem Munde: »Wir begleiten dich.«

Die Zwiesprache

Der Wind läßt die Äste des Strauches rhythmisch gegen den Stein schlagen. Dick in mein Wolltuch eingepackt, kauere ich an der Wächterin. Das Licht der vollen Mondin glitzert über die Schneeflächen. Wenn ich nicht ganz genau hinsehe, könnte es Meer sein, Wellen, auf denen sich das Mondlicht spiegelt. Ich habe den Gong mitgebracht. Leise schwingt er neben mir im Geäst des Strauches. Seit geraumer Zeit spüre ich die Anwesenheit eines Wesens. Aber ich kann es nicht sehen. Ich wage nicht, den Gong anzuschlagen. »Weshalb zeigt es sich nicht?« frage ich die Wächterin. »Weil du sie nicht sehen willst«, antwortet sie sofort. »Du könntest doch auch an mich gelehnt sitzen und mich nicht hören wollen, oder? Mach es wie mit mir. Spür sie, spür ihre Aussage, ihre Essenz, und dann wirst du sie sehen.« Sie lacht leise. »In deiner Möglichkeit der Übersetzung. Bilder und Worte haben dieselbe Magie.« Meine Handflächen sind schweißnaß. »Es ist deine eigene Furcht. Selbst wenn es eine Präsenz wäre, die dir nicht wohl will. Willst du so unwissend und angstschwitzend hier sitzen bleiben?«

Langsam taste ich mit meinen Fühlern um mich. Kühle und eine ungeheure Kraft. Das Wesen scheint sich bereitwillig berühren zu lassen. Ich ziehe mich zurück. Mit der linken Hand zeichne ich ein Symbol auf den Schnee, von dem ich weiß, daß es mich schützen wird, wenn dieses Wesen eines wäre, das sich von anderer Wesen Lebensessenz nährt, und sich in mich verkrallen würde, wenn ich mich so weit öffne, daß Essenz Essenz berührt. Eine Weile sitze ich und atme tief durch. Ich brauche Mut, immer wieder, unendlichen Mut, mich so weit zu öffnen. Dann beginne ich von vorne. Fühler ausstrecken, tasten. Lichte Begrenzungen, die wie Rauch verfliegen, fühle ich, wirbelnde Winde, Wolken, Kraft, die gleitet, sich verdichtet, auf mich zu jagt, im Sturzflug. Ich schleudere das Symbol hinaus, dem Wesen entgegen. Ich keuche. Alles ist plötzlich still. Ich merke, daß ich die Augen geschlossen halte. Langsam öffne ich sie. Vor mir steht eine große Vogelgestalt, eine Frau mit einem Vogelkopf, großen Schwingen, nackten Brüsten und einem Federkleid.

Sie sieht an sich hinunter und lacht: »So siehst du mich also.« Dann sagt sie ernst: »Ich wollte dich nicht erschrecken. Der Flug, wie du ihn wahrgenommen hast, kommt meiner Möglichkeit des Verdichtens am nächsten. Übrigens ist nicht alle Kraft so darauf aus, individuellen Ausdruck zu behalten, wie du oder die meisten Menschen. Und wenn du den Traum Wirklichkeit werden lassen willst, mußt du Essenz anziehen, die dir hilft, sie zu gestalten.« Sie legt den Vogelkopf ein wenig schief und lächelt mich an. »Allerdings wirst du dann auch mit dieser Essenz verbunden sein, und deine individuelle Kraft, auf die ihr Menschenwesen so versessen seid, wird sich verweben mit der Kraft der Wesen, die du anziehst. Aber das gehört zur Aufgabe, wenn eine Wirklichkeit schaffen will. Übrigens solltest du dir von ein paar verkörperten Vögeln Federn schenken lassen. Mit der Federrassel kannst du verdichten.« Plötzlich löst sie sich auf. »Die Gestalt, die du mir gabst, war schön, aber ein bißchen schwerfällig für mich.« Sie lacht, dann streift mich ein Windhauch, und sie ist verschwunden.

Mir ist mit einem Mal sehr kalt. Ich reibe mich ein bißchen an der Wächterin und flüstere: »Gut, daß du da bist.« Dann stehe ich steifbeinig auf und wandere langsam den Spiralweg hinunter zu meinem Wagen. Silberhelles Licht überall. Ich fühle mich benommen, wie nach einer großen Anstrengung. Vor mir im Schnee liegt eine Rabenfeder. Fast mechanisch hebe ich sie auf. Im Wagen lege ich die Arme aufs Lenkrad und weine, ohne jeden Grund.

Das Treffen

Es ist einer dieser strahlend schönen, kalten Wintertage. Wir haben uns an der Vogelherdhöhle verabredet, einer Höhle, in der kleine Elfenbeinschnitzereien gefunden wurden, die etwa 50000 Jahre alt sind. Sie hat zwei Öffnungen und liegt auf halber Höhe eines Hügels in einem schönen Tal. Im Sommer und Herbst wird sie von Touristen heimgesucht. So sind wir gestern schon einmal hingefahren, um sie von alten Colaflaschen, Papierfetzen, Bierdeckeln zu reinigen.

Anders als sonst erlebe ich eine Spannung in jeder, ein merkwürdiges Vibrieren. Die Schwingungen zwischen uns sind wie gesplittertes Eis und lassen sich nicht zusammenfügen. Es sind keine persönlichen Spannungen oder unausgesprochenen Unstimmigkeiten zwischen uns, es ist eine innere Anspannung in jeder, durch die die gewohnte, ineinanderfließende Ruhe nicht aufkommt. Maria, Birgit und ich legen das Rad aus Steinen in den Schnee, Steine aus Cornwall, von der bretonischen Küste, an den Stränden Galiciens gesammelt, Steine von Glastonbury Hill und dem Silvery Hill Südenglands. An die Achse für den zweiten

Februar legen wir getrocknete Disteln und Ebereschen, drei Rabenfedern stecken wir davor in den Schnee. Maria legt ihre Türkiskette dazu. Es sind alte, echte Türkise, aus einem Berg in der Türkei. Heute wird dort nur noch das Uran, das neben den Türkisen gefunden wurde, abgebaut. Die Türkise sind in die Luft gesprengt.

Manch eine umwandert das Rad, fast ruhelos, manch eine sitzt in der Höhle, still, in sich gekehrt. Keine erzählt, weder mit der Musik, die wir sonst immer machen, noch mit Worten. Die Mitteilung, die in der Luft liegt, heißt: »Warten, Spannung, Alleinsein, Hören in die Erde hinein, und in die Himmel hinaus.« Einige machen sich auf den Weg zu dem Haus zweier Freundinnen, bei denen wir übernachten, um im Morgengrauen hierher zurückzukehren. Gil, Maria und ich setzen uns über den Höhleneingang. Dort hat die Sonne den Schnee fast weggeschmolzen. Gil beginnt auf ihrem Saxophon zu blasen. Ich rüttle mein selbstgebautes Instrument aus Ziegenknochen, Maria macht klagende Töne. »Komm, komm, komm, Persephone*, komm, komm, komm.« Ein wiegender Singsang. Ich blase auf den Knochen. Gil ist aufgestanden und spielt sehnsüchtig und hingebungsvoll auf ihrem Saxophon.

»Komm, komm, komm, Persephone, komm, komm, komm.« Ich denke an die Worte der Vogelfrau: »Du mußt die Essenz anziehen, die dir hilft, Wirklichkeit zu schaffen.«

Über die Hügelkuppe kommen unsere Töchter gelaufen. »Habt ihr uns gerufen?« fragen sie. Im ersten Augenblick sehen wir sie verständnislos an, dann beginnen wir zu lachen. »Ja, wahrscheinlich taten wir das.« Für uns hier ist die Spannung aufgehoben. Arm in Arm mit den Mädchen wandern wir zum Haus der Freundinnen.

---

* In den ältesten Erinnerungen geht Persephone am 31. 10. (Halloween) in die Dunkelheit zu ihrer Patin Hekate (später wird diese zu Pluto, der Persephone raubt und vergewaltigt). Sie erwirbt dort das Wissen der Nacht und der Schöpfungskraft und kehrt am 2. Februar mit ihrem Wissen als Schwester zu ihrer Mutter Demeter zurück.

Die Handlung

In der Dunkelheit des frühen Wintermorgens kleiden wir uns an. Die meisten von uns tragen Masken. Unser Weg führt zuerst durch Wald und dann zwischen Wacholderbüschen einen Pfad entlang bis zu dem Hügel, in den eingebettet die Höhle liegt. Geschützt durch die Dunkelheit und später das beginnende Zwielicht und die Einsamkeit der Gegend, wandert unser eigentümlicher Zug dahin.

Glöckchen klingeln an Fuß- und Handgelenken. Manchmal ein durch die Masken gedämpftes Wort und das Knirschen des Schnees unter unseren Füßen: Das ist alles, was zu hören ist.

Birgit geht mit ihrem großen Schild der vier Winde voran. Sie ist eine der wenigen, die keine Maske trägt. Sie führt uns in die Höhle durch den südwestlichen Eingang. Drinnen ist es dunkel. Ihre Stimme ist seltsam fern und monoton, als sie zu sprechen beginnt:

»Sag mir deine Aufgabe, die du in der Tiefe des dunklen Lichtes empfangen hast.

Zeig mir das Leuchten deines Wesens, das im Einklang mit deiner Aufgabe ist.«

Lange geschieht nichts. Sie wiederholt die Worte. Ich höre, wie sich eine bewegt und im Dunkeln auf Birgit zugeht.

Mir kommen Worte. Ich möchte singen und tue es auch:

»Ich komme zur Mutter Erde
und schenk ihr, was ihr gebührt.
Ich komme mit Traumgeweben
und hab' sie ins Licht geführt.«

Die anderen stimmen langsam mit ein. Eine nach der anderen geht inzwischen zu Birgit und sagt ihr leise ihre Aufgabe und zeigt ihr Leuchten. Bei einigen ist es in der ganzen Höhle zu sehen.

»Die Sonne geht auf, die Sonne geht auf«, rufen die Mädchen von draußen.

Draußen, im beginnenden Tageslicht, sehen wir uns durch die Maskenschlitze an. Fast gleichzeitig fangen wir zu lachen an. Ich lache so sehr, daß mir die Tränen über die Wangen laufen, kitzelnd hinter der Maske. Was für ein verrückter Haufen merkwürdig gekleideter und maskierter Frauen. »Karneval«, brüllt Barbara und schwenkt Dorle Margareta, bis sie beide umfallen und ein Stück den Hang hinunterpurzeln. Schneeballschlacht der Feen und Kobolde am hellen Tag.

ERDGESÄNGE

Aus dem Schoße aller Wandlung
steig' ich auf in neuer Blüte.
Aus dem Herzen aller Himmel
schenk' ich mich, Gestaltungskraft.

Rufst du mich, du Erdenwesen,
komme ich mit wilden Formen.
Willst du mich, du Erdenwesen,
komme ich mit aller Macht.

Feuer bring' ich, tief von innen,
weit von draußen, reich' es dir:
Wunsch davon zu modellieren
oder Träume leben, hier.

Es ist Freiheit nur in einem:
wenn wir ganz verbunden sind.
Wenn die Kämpfe Tänze werden
und die Tänze Kämpfe sind.

Nehm' ich dich in meine Arme,
wiegst du mich in deinem Blut,
lieb' ich dich in meine Kräfte,
gibst du mir von deiner Glut.

21. März
Frühjahrstagundnachtgleiche

Der Traum

Der Raum ist schwarz-weiß gekachelt, ein unglaublich luxuriöses Bad. Ich sitze auf dem Fußboden, mir gegenüber eine Fremde. Wir spielen Schach. Ich bin bis über beide Ohren verliebt. Sehe sie immer wieder an. Bin nicht sonderlich konzentriert auf das Schachspiel, obwohl ich mich vage daran erinnere, daß wir um etwas sehr Wertvolles spielen. Sie macht einen Zug mit ihrer Dame. Dann lächelt sie mich triumphierend an. »Schachmatt«, sagt sie. Sie sagt es leise und eindringlich. Die Erotik, die darin schwingt, wie sie es sagt, läßt meine Knie zittern. Ein Teil in mir möchte sich einfach hinüberbeugen und sie küssen. Das wage ich nicht. Ein anderer Teil möchte ihr nachgeben, schachmatt sein, nichts mehr wollen, außer von ihr berührt sein. Aber in meiner Körpermitte ist ein zitternder Klumpen, der sich anfühlt wie eine Maus, die sich verkriechen will, entkommen, abhauen vor einer tödlichen Gefahr.

Gebannt sitze ich ihr gegenüber. Langsam und geschmeidig steht sie auf, kommt auf mich zu. Ich rutsche, noch im Sitzen, zurück, immer weiter, bis ich an die Wand gedrückt voller Angst ihr Näherkommen beobachte. Plötzlich weiß ich auch wieder, wie dieses Spiel begann und worum wir spielten. »Wenn ich gewinne, gehörst du mir«, hatte sie gesagt, und ich hatte, verlegen und blöde geschmeichelt, genickt und gesagt: »Und wenn ich gewinne, schenkst du mir eine Nacht.« Ich war mir unerhört mutig und dreist vorgekommen. Sie hatte nur gelacht.

Jetzt wird dieses Spiel zum Alptraum. Je näher sie mir kommt, desto mehr schwitze ich vor Angst. »Nein«, schreie ich, »nein!« Ihre Augen sind ganz nah, ihr Atem... Ein Fuß stößt die Figuren um. »Scht, scht«, mit fuchtelnden Armen verscheucht die Alte, die ich aus meinen früheren Träumen kenne, die schöne Spielerin. Dann sieht sie mich an, wütend und kalt. »Idiotin! Wie kannst du ein Spiel spielen, in dem es um Gewinnen oder Verlieren geht.« Sie reißt mich vom Boden.

Als ich stehe, sind die schwarz-weißen Kacheln verschwunden. Rund um mich ist alles grün. Der Boden ist feucht und weich. Riesengroße Libellen fliegen an mir vorüber. Zwischen zwei Bäumen, mitten in diesem wuchernden Grün, ist ein Regal angebracht. Altmodische Fläschchen und Porzellandosen stehen ordentlich aufgereiht darauf. Ich gehe näher und lese die Etiketten. »Metamorphose der Hörigkeit« lese ich auf einer Flasche, und darunter in kleinerer Schrift: »In der zersplitterten Wirklichkeit, 5. bis 15. Inkarnation vorbehalten«. Auf einem anderen Regalbrett steht ein Fläschchen, das ähnlich aussieht wie die Phiole, die mir die Alte gab. Darauf steht: »Metamorphose der Gleichzeitigkeit«, und darunter: »In der ungeteilten Wirklichkeit, 13. Reinkarnationszyklus«. Im Traum begreife ich. Im Erwachen kann ich nur noch die verschwommenen Ränder des Erkennens tasten.

Die Zwiesprache

Seit meinem Traum bin ich unruhig. Obwohl ich viel über die Berührung zwischen Wesen aus allen Welten weiß, klingelt seitdem eine Alarmglocke in meinem Körper. Meine Federrassel liegt halbfertig auf dem Werkstattisch. Truthennen- und Rabenfedern liegen da und eine kleine ockerfarbene Kalebasse. Jeden Tag gehe ich schnellen Schritts am Tisch vorbei und kann mich nicht entschließen, die Rassel fertig zu machen.

Arana fährt mit mir zum Berg mit der Wächterin. Sie will oben im Wind sitzen, »durchlüften«, sagt sie lachend. Ich bin froh, daß sie mitfährt. Ich werde ungestört mit der Wächterin sprechen können, aber diesmal ist es mir lieb, eine andere leibhaftige Frau auf dem Berg zu wissen.

Das kurze, windzerzauste Gras zeigt erstes, junges Grün. In manchen Senken liegt noch Schnee. Der Weg hinauf ist naß und glitschig durch das Tauwetter. So vertraut mir sonst der Platz ist, heute ist mir alles fremd, so fremd wie ein beunruhigender Teil in mir. Der Himmel entspricht meinem inneren nebelhaften Zustand. Er ist milchigblau. Dort, wo er auf den Horizont trifft, verschwimmen seine Ränder mit denen der Erde in unterschiedlichen Grautönen.

Ich setze mich in das steinerne Nest, mit dem Rücken fest an die Wächterin gelehnt. »Mein Traum, er ist mir unheimlich. Ich weiß keinen Rat.« – »Die Metamorphose der Hörigkeit ist die Metamorphose durch das Opfer. Es ist das gängige Modell, ob mit Gottheiten, menschlichen Beziehungen oder anderen Wesen. In der Metamorphose der Hörigkeit ist dieses Opfer vollständig. Du läßt dich besetzen. Aber du kennst viele Abstufungen davon. Dort, wo du an einer anderen etwas wahrnimmst, was du scheinbar nicht hast. Dort, wo du eine Verbindung eingehst, in der du einen Teil repräsentierst, den die andere anscheinend nicht hat, und ihr diesen Zustand ›Ergänzung‹ nennt. Überall in der Wahrnehmung der zersplitterten Wirklichkeit, so wie sie heute gelebt und als einzige Wirklichkeit betrachtet wird, findest du das Opfer. In der ungeteilten Wirklichkeit gibt es keine Besessenheit und kein Besitzenwollen. Dort weißt du, daß jede Essenz alles beinhaltet, auch wenn sie nicht alles bewegt, und daß in der Berührung mit einer anderen Essenz angeregt werden kann, was verschlossen war; erinnert werden kann, was vergessen war; aufleuchten kann, was ist.«

»Ich weiß das alles«, sage ich leise, »zumindest mit meinem Kopf. Aber irgendwo muß eine Unsicherheit in mir sein, eine Angst vor der Gier, vor meiner und der eines anderen Wesens, der Gier, zu besetzen.«

Eine ganze Weile ist es still. Dann sagt sie nachdenklich. »Wenn du der Vollständigkeit jeder Essenz sicher bist, auch deiner eigenen, gibt es keinen Impuls der Gier und des Besetzenwollens, weshalb auch? Dann gibt es nur den Wunsch, eine zu finden, die dich dort anregen kann, wo du die Anregung gerade willst. Daß wir alles in uns tragen, heißt nicht, daß wir die Anregung in der Berührung, des in Schwingungsetzens nicht brauchen. Nicht in jeder Inkarnation tritt dein ganzes Potential in Erscheinung. Und für die Aufgabe, die du hast, leuchtet manches stärker als das andere.« – »Und wenn ich nun zum Beispiel mit der Federrassel ein gieriges Wesen rufe?« frage ich. Sie lacht. »Wenn du nicht nur mit deinem Kopf, sondern mit deinem ganzen Wesen weißt, daß potentielle Essenz in jedem Wesen der ungeteilten Wirklichkeit ist, wirst du keine Angst haben, du könntest Wesen aus der zersplitterten Wirklichkeit anziehen. Aber um dir deiner Ganzheit bewußt zu sein, solltest du vielleicht den Rat aufsuchen. Dort findest du Bestärkung.«

Eine Weile sitze ich noch an sie gelehnt. Dann spiele ich ihr mit kalten Fingern ein Dankeslied auf der Flöte. Meine Unruhe der letzten Tage ist verschwunden. Ich klettere über den Rand des Plateaus. Arana tanzt mit ausgebreiteten Armen im Wind. Als sie mich sieht, winkt sie. Ich laufe zu ihr, und wir tanzen noch eine Weile dort oben.

Zu Hause erzähle ich Maria von meiner Unterredung. Sie und Birgit begleiten mich ins Mutterhaus des Rates. Dort haben die Frauen bereits auf mich gewartet. Gong und Schlange tanzen mit mir, wie damals. Ich bin weniger verwirrt und überrascht, und dadurch dringt das Wissen weiter in mir vor. Nach Stunden bin ich schweißnaß, erschöpft und glücklich.

Am nächsten Tag, nach einem traumlos tiefen Schlaf bis tief in den Morgen, gehe ich in die Werkstatt und mache die Federrassel fertig.

Das Treffen

Unser Frühstückstisch ist wunderschön. Auf dem weißen Damasttuch liegen schwarze, rote und gelbe Bänder in geometrischen Mustern. Erdballen mit bunt blühenden Krokussen liegen dazwischen, die später eingepflanzt werden. Nach und nach treffen die Frauen ein. Das Frühstück zieht sich über Stunden hin. Der Raum füllt sich mit lachenden, essenden Frauen. Dort wird intensiv erzählt, hier über irgendeinen Scherz gelacht. Terena sitzt ein wenig abseits. Ihr ist die Trauer und der Schmerz über die Trennung von der Geliebten noch anzusehen. »Laßt mich einfach dasein«, hatte sie gesagt, als sie kam. »Ich hatte überlegt, ob ich überhaupt kommen sollte. Ich bin nicht sehr kontaktfähig, zu eingeigelt in meine Welt. Aber dann dachte ich, es wird o. k. sein, einfach dabeizusein, hier zu sitzen und euch zu spüren.«

Kai kommt hereingerauscht, schwenkt übermütig einen riesigen Strauß Narzissen. »Kein Frühling ohne Narzissen, kein Frühling, ohne daß ich mich verliebe!« Dann sieht sie Terena an und ist betreten, ob ihrer verliebten Fröhlichkeit angesichts der Trauer der anderen Frau. »Entschuldige«, sagt sie. »Entschuldigen gilt nicht, das ist die Regel!« ruft ihr eine der vorwitzigen Töchter zu. Und Terena lächelt sie freundlich an und sagt: »Laß nur, Kai, das gehört alles zusammen. Und warum sollst du nicht übermütig sein, nur weil ich mit Trennungen nicht umgehen kann.« – »Glaubst du, ich!« sagt Kai. »Ich bin grade am anderen Ende.«

Am Abend erzählt Eryna eine Geschichte vom Schwefel: Daß er sich so leicht verbindet wie Sauerstoff, aber sich immer wieder verflüchtigt; daß er selbst, je nach Wärme, unterschiedliche Gesichter hat; vor allem aber, daß er sich am liebsten selbst verbindet, achtmal, und dann abgesättigt ist; daß er in jedem Element vorkommt und daß ohne ihn nichts Stoffliches leben könnte, weil er bei allen Eiweißprozessen dabei ist – also auch bei der Ursubstanz, aus der wir bestehen.

Am besten gefällt uns allen, daß er sich achtmal mit sich selbst verbinden kann und dann gesättigt ist und daß er darin nicht verharrt, sondern sich offensichtlich mit Vergnügen mit allen anderen Stoffen verbindet und sich ebenso leicht wieder lösen kann.

Eryna legt ein Stück wunderschönen Schwefel neben die Artemisia (Beifuß) und den Eschenzweig, die diesmal an der Achse des achtspeichigen Rades für die Frühjahrstagundnachtgleiche liegen.

Kai singt ein Lied über die Musen, die anregenden Kräfte, von denen wir uns berühren lassen, mit denen wir uns verbinden, von denen wir uns lösen, um uns in der Verbundenheit mit uns selbst die Möglichkeit zu geben, Wirklichkeiten zu schaffen, Werke, Kreationen, die wieder andere anregen. Nachdem Kai geendet hat, ist es eine Weile ganz still. »Mit deiner Stimme findest du immer einen Weg, um uns alle zu berühren«, sagt Terena. »Ich bin froh, daß ich gekommen bin.«

Dann sprechen wir noch eine Weile über den gemeinsamen Traum, den Plan, dem wir folgen, und daß wir, um ihm Wirklichkeit und Form zu geben, auch alle zusammen Anregung brauchen. »...und wenn du den Traum Wirklichkeit werden lassen willst, mußt du Essenz anziehen, die dir hilft, ihn zu gestalten...«, das hatte die Vogelfrau gesagt. Ich nehme das Schwefelstück in die Hand und halte es eine Weile. Wieviel ich lernen mußte in den letzten Wochen, um so weise zu werden wie dieses Stück gelb strahlende ursprüngliche Substanz. Sich verbinden, ohne sich zu verkrallen, sich lösen, ohne sich amputiert zu fühlen – Meisterschaft des Gestaltwandels und des gleichzeitigen Selbst-Seins, immer. »Opfere dein Feuer nie einer anderen Gestalt.« Eine Freundin hatte mir diesen Satz einmal gesagt, er hatte mich mit seiner Wahrheit tief getroffen.

Ich sehe Birgit an. Sie sitzt am anderen Ende des Zeremonienraumes. Acht Jahre haben wir uns gegenseitig begleitet, durch das Verkrallen, durch die Gefühle des Amputiertseins, bis hin zu der Weisheit des Schwefels. Wir sind uns Lehrerin und Schülerin gewesen, darin zumindest beweglich und die Rollen tauschend.

Sie hat gespürt, daß ich zu ihr hinsehe, wendet den Kopf und lächelt mich an. Dann steht sie auf und sagt, während sie auf mich zugeht: »Heute haben wir ganz schön viel geredet. Jetzt reicht's mir. Gute Nacht.« Sie zieht mich hoch, und wir verlassen gemeinsam den Raum.

Die Handlung

Wir sind vier, die Federrasseln gebaut haben. Jetzt liegen sie zusammen mit dem Schwefelstückchen in der Mitte des Rades. Wir tanzen um sie herum. Den linken Arm um die Schulter der Nachbarin, den rechten Arm um die Hüfte der anderen. Die Hüften wiegen sanft aneinander. Jede tanzt ihr eigenes Feuer, ihre eigene Essenz und erfährt sich gleichzeitig eingebettet in das Feuer, das sich gemeinsam entwickelt im Tanz. Langsame Schritte, keine vermeintliche Euphorie, kein mißverständliches Zündeln. Jede mit sich, im Kreis aller anderen, bis sich aus dieser gehaltenen, geäußerten, aber nicht entäußerten Kraft die Flamme entzündet, die wir gemeinsam sind.

Hilf uns Schwefel, erinnere uns, erinnere uns.
Hilf uns Schwefel, erinnere uns, erinnere uns.

Die Füße stampfen. Gerade, hochaufgerichtet, tanze ich zwischen all den anderen Frauen. Die Mitte meines Körpers ist ein Schwert, ist eine Feder, ist eine geflügelte Doppelaxt. Sie schlägt nicht zu, sie *ist*. Wie Bausteine rückt sich in meinem Körper Chemie zurecht, rückt sich Erinnerung zurecht, ist Zukunft greifbare Vergangenheit und kristalline Gegenwart. Die Federn der Rasseln zittern wie in einem unsichtbaren Wind.

Hej Federrassel, wer hat dich berührt?
Hej Federrassel, wer hat dich gekürt?

Hej Federrassel, wer hat dein Gefieder gerüttelt?
Hej Federrassel, wer hat deine Kerne geschüttelt?

Hej Federrassel, was wächst da heran?
Hej Federrassel, was blüht uns da auf?

Hej Federrassel, wer ist da zu dir gekommen?
Hej Federrassel, wen hast du aufgenommen?

Eine hat sich zu uns gesellt, damit der Traum Feuer erhält.
Eine hat sich zu uns gesellt, damit der Traum Erde erhält.
Eine hat sich zu uns gesellt, damit der Traum Lüfte erhält.
Eine hat sich zu uns gesellt, damit der Traum Wasser erhält.

Wir vier schlüpfen aus dem Kreis und nehmen in der Mitte die
Federrasseln auf:
»Tief im Urwald wohnt eine Rasselschlange...«

Bau, Frau,
aus den Farben das Haus

<small>DER WEG VOM 1. MAI BIS ZUM 2. AUGUST</small>

KESSEL

SOG

ERDINNERES

KRIEGERINNENGESÄNGE

Laßt uns das Orakel legen,
laßt uns an die Grenze gehn.
Dort am Tor der vielen Welten,
dort im Tempel wolln wir stehn.

Aus des Körpers Düften weben sich
Gesichte, die die Zukunft zeigen.
In der Erde Wasser finden sich
die Farben, denen wir uns neigen.

Laßt uns das Orakel legen,
laßt uns an die Grenze gehn.
Dort im Sternensang der Wahrheit,
dort im Haine wolln wir stehn.

Aus der Liebe Lachen ranken sich
die Worte, die die Welt beleben.
In der Bäume Flüstern zeigen sich
die Wesen, die uns ihre Kräfte geben.

Laßt uns das Orakel legen,
laßt uns an die Grenze gehn.
Dort beim Tanz der Elfenwesen,
dort im Traume wolln wir stehn.

Aus der Schwestern Weisheit bilden sich
die Netze, die uns weiter tragen.
Aus des Erbes Klarheit lösen sich
die Mächte, die Geheimes sagen.

Laßt uns das Orakel legen,
laßt uns an die Grenze gehn.
Dort im Spiel der Menschenfrauen,
dort im Leben wolln wir stehn.

1. Mai

Walpurgis ● Beltane

Der Traum

Ich bewege mich in einem Labyrinth. Mit mir geht eine Bärin.
Auf meiner Schulter sitzt ein Falkenweibchen. Das Labyrinth ist
alt. An manchen Stellen sind die Steine eingestürzt. Lange ist
niemand mehr hier gegangen. An den Weggabelungen ist ein
Stöhnen zu hören. Es scheint aus dem Zentrum des Labyrinths
zu kommen. Wir beeilen uns nicht.
Wilde Kräuter wachsen zwischen den Steinen. An den Stellen,
an denen wir zögern, weisen sie mit einer feinen Bewegung den
Weg. Manchmal geht die Bärin voran, dann wieder ich. Manchmal fliegt die Falkin so weit, daß wir sie im Halbdunkel der Stein-
alleen, die überwuchert sind von Büschen und Kräutern, kaum
noch ausmachen können. Dann kehrt sie auf meine Schulter zurück.
Neben dem Stöhnen wird eine andere Stimme immer deutlicher.
Sie ist hoch und schrill. Nach einer Weile können wir verstehen,
was sie sagt: »Ach, wie gut, daß niemand weiß, daß ich Rumpelstilzchen heiß.« Immer wieder kreischt sie das, um dann in irres
Gelächter auszubrechen, das mir eine Gänsehaut über den Rük-
ken jagt.
Plötzlich ist der Weg zu Ende. Steine sind übereinandergestürzt
und haben ihn verschüttet. Wir versuchen, darüber zu klettern,
aber es geht nicht. Wir kehren um, bleiben vor dem endlosen
Steinhaufen stehen, ratlos. Die Bärin beginnt zu tanzen. Es ist
ein kompliziertes Muster, das sie auf ihren Tatzen in die Erde
tanzt. Ich sehe eine Weile unschlüssig zu, dann, nachdem ich den
Rhythmus begriffen habe, begleite ich sie. Auch ich male mit
meinen Füßen ein Muster auf die Erde. Ich bin sehr in diesen
Tanz vertieft, kann mich nicht erinnern, ihn schon einmal getanzt zu haben, und doch wird er mir immer vertrauter. Die Fal-

kin, hoch in den Lüften, scheint ebenfalls ein Muster zu fliegen. Als ich nach einer Weile aufschaue, sind die Steine weg, der Weg ist frei. Die Bärin wirbelt mich vor Freude um die eigene Achse. Wir lachen beide erleichtert.

Als die Falkin uns hört, wirft sie sich uns mit einem atemberaubenden Sturzflug entgegen. Nachdem sie sich wieder auf meiner Schulter niedergelassen hat, setzen wir den Weg fort. Die schrille Stimme wird lauter, wir kommen ihr näher. Auch das Stöhnen hat zugenommen. Bei der nächsten Biegung sehen wir ein kleines verhutzeltes Weiblein. Sie ist völlig heruntergekommen, ihr Blick irr. »Nein, nein«, jammert sie und streckt die Hände abwehrend gegen uns aus. »Nein, kommt nicht näher, nein, ich muß es hüten, nein, ihr sollt es auch nicht haben.« Dann brabbelt sie noch etwas. Wir verstehen nicht mehr, was sie sagt. Sie fängt wieder zu singen an: »Ach wie gut, daß niemand weiß, daß ich Rumpelstilzchen heiß.« Ihr schrilles Lachen schleudert sie uns wie eine Waffe entgegen. Als wir an ihr vorübergehen, rennt sie hinter uns her, zupft an meiner Bluse und sagt fast flehend: »Willst du es denn auch nicht? Ich hüte es schon so lange. Nimm es doch, bitte, nimm es doch.« Ich bleibe stehn und sage: »Später, jetzt noch nicht. Wir kommen wieder.« – »Nein, nein, ich hüte es, es ist meins, was glaubst du wohl, was bildest du dir ein.« Ihre Stimmung ist erneut umgeschlagen. Sie schubst mich weiter. »Geht nur, geht nur, ihr kommt sowieso nicht zurück. Niemand kommt zurück! Laßt mich hier nur verrecken. Haut doch ab, haut doch ab.« Ihr Gekeife begleitet uns noch eine ganze Weile.

Blut sickert unter einer Türe durch. Das Stöhnen kommt aus dem Raum dahinter. Die Türe hat kein Schloß und keinen Griff. Die Falkin fliegt auf und schüttelt sich, ihr Gefieder ahmt die Geräusche der Federrassel nach. Die Pflanzen, die hier wachsen, drehen sich langsam auf die Tür zu, kriechen in die Ritzen, wachsen zwischen die Angeln hinein und heben die Türe aus ihrer Verankerung. Sie hängt ein wenig schief, ein Spalt ist offen. Drinnen ist es dämmrig. Die Bärin läßt mir den Vortritt, die Falkin fliegt über mir. Im Halbdunkel des Raumes liegt ein Stier.

Moos wächst auf seinen Hörnern, Ranken klettern über seinen Leib. Er stöhnt, kleine Rinnsale von Blut fließen aus vielen Wunden. »Ich opfere mich, ich opfere mich, schon so lange, schon so lange.« Ich beuge mich zu ihm hinunter, kraule seine Stirn, die schweißnaß ist. Wie viele Jahrhunderte schon? »Es ist vorbei«, sage ich. »Das Opfer ist sinnlos geworden. Dies hier ist die Straße des Blutes. Es ist die Straße des Traums. Niemand wird dich mehr schlachten, dich opfern. Wir geben der Erde unser Blut, Frauenblut, freiwillig, rhythmisch, leuchtend.« Das riesige Tier beginnt sich aufzulösen, Nebelschwaden gleich ist es aus dem Raum gewandert. An seiner Stelle sitzt die Alte von vorhin, aber ihr Kleid, das vorher schmutzig und unansehnlich war, ist jetzt prächtig, schillernd in allen Blau- und Grüntönen der Erde, ihre Augen sind klar, ihre Gesichtszüge ruhig.

»Lernt den Kessel schüren,
lernt den Kessel rühren.
Schwester Gong, gib ihnen den Funken.
Schwester Rassel, fache sie an.
Lernt die Vielfalt bauen,
lernt die Rätsel schauen.
Schwester Erde, gib ihnen die Klarheit.
Schwester Vogel, zeig ihnen den Weg.«

Sie nimmt ihre Röcke hoch. Sie sitzt auf einem riesigen Kupferkessel, der sich auf drei Vogelbeinen dreht.

Die Zwiesprache

Ich lasse meinen Wagen unten im Ort und gehe zu Fuß weiter. Ich habe Zeit. Am Wegrand blühen die Weißdornbüsche und unzählige blaue Blumen, deren Namen ich nicht kenne, die einen schweren, betörenden Duft verströmen. Die Linden, die den Weg hinauf zum Spiralweg säumen, haben die ersten kleinen Blattspitzen ausgeschoben. Frauenmantelblätter tragen glitzernde Tropfen an ihren gezackten Rändern. Lerchen singen hoch oben im wolkenlosen Blau ihre Lieder. Heute vor einem Jahr waren wir mit dem voraussehbaren Wahnsinn einer Kernkraftwerkskatastrophe konfrontiert. »Höchste Zeit zu handeln«, denke ich, während ich weiter steige.

Oben auf dem Plateau spielt wie immer der Wind, zupft an meinen Haaren und auf meinem Gewand, fährt mir übers Gesicht. Ich versuche das Muster aus meinem Traum zu tanzen. Und wage es nicht allein. Bei der Wächterin blüht der Weißdornbusch. Ich versuche, die Steinfrau zu umarmen. Sie ist viel zu groß, und ich klebe in einer etwas unglücklichen Haltung an ihr. Ich muß lachen und nehme lieber meinen gewohnten Platz ein, mit dem Rücken an sie gelehnt, in dem Muldennest, vom Wind geschützt. Aus meiner Flöte kommen heute zärtliche und wehmütige Melodien, die Töne ziehen davon wie die schweren Düfte der Blumen.

»Ihr habt mutig gehandelt, die Bärin, die Falkin und du. Ich weiß deine schweren Gedanken. Blut und Boden sind Worte der jüngsten Vergangenheit hier, die Abscheu und Schrecken hervorrufen. Es gibt so vieles, was sich zu Fratzen verzerrt hat, zu grausamen Inhalten mißbraucht wurde. Jenseits der Opfer, jenseits der Vernichtung anderer, jenseits des Mordens und ergebener Willigkeit von Frauen, ihre Kraft in die Zerrbilder männlichen Wahns zu geben, finden die Worte wieder zu ihrem ursprünglichen Zauber. Erschrick nicht, nimm deinen Mut, und durchwandere die Zerrbilder, um der ungeteilten Wirklichkeit ihre Würde zurückzugeben.«

Ich seufze. »Ausgerechnet in diesem Land, wo soviel Grausamkeit, soviel Gier, soviel Machtmißbrauch geblüht hat und wieder blüht. Wo uralte Symbole und Worte mit faschistischen Inhalten verknüpft wurden. Es ist nicht leicht, diese Spiegel zu durchwandern, sie zu zertrümmern, sie in das Nichts aufzulösen, das ihnen gebührt.«

»Wenn du ein anderes Haus bauen willst als das, das man dir vorgesetzt hat, mußt du den Stoff, aus dem die Häuser sind, verwenden lernen ohne Furcht, und ein Haus bauen nach deinem

Traum. Ihr wißt alles, tut es.« Ihre Stimme ist ein wenig ungeduldig. Ach, Wächterin, du auch, wie viele tausend Jahre stehst du hier und wartest, daß die Erde ihr Gesicht zeigen darf in der ungeteilten Wirklichkeit?

Das Treffen

Die Mädchen sind begeistert. »Schnitzeljagd!« Gemeinsam mit ihnen gehen Sara, Runa und ich los, um einen Labyrinthpfad anzulegen, durch den Wald, über den Bach, über kleinere Hügel bis zur Quelle. Überall werden Zeichen gemacht oder Pflanzen als Wegweiser genommen, die in die Richtung zeigen, in die die Frauen gehen sollen. In der Nähe des Quelltopfes haben wir Holz aufgeschichtet für das Walpurgisfeuer, Beltane, die schöne Zeit. Für alle anderen Frauen ist nur der Ausgangspunkt der Wanderung klar, ein Waldparkplatz, von wo aus sie sich durch das Labyrinth bis hierher vortasten müssen. Der Plan hatte allgemeine Erheiterung und Vergnügen ausgelöst.
Am späten Nachmittag tauchen die ersten Frauen an der Quelle auf. Großes Hallo. Bis zum frühen Abend sind alle versammelt. In diesem Jahr ist es noch empfindlich kalt, und wir sind froh um das Feuer, das uns mindestens an einer Körperseite wärmt. Die Federrasseln sind mitgekommen, sie werden in alle vier Himmelsrichtungen geschüttelt, zur Begrüßung aller Wesen der ungeteilten Wirklichkeit aus Osten, Norden, Westen, Süden.
Von einer nahen Hügelkuppe, auf der eine uralte Eiche steht und eine Buche ihre Arme in den Himmel reckt, kommen Flöten- und Schalmeitöne. Einige Frauen haben sich dorthin zurückgezogen und spielen gemeinsam eine weiche, zärtliche Melodie. Mir ist nach Weinen zumute, so wohl tut die Musik. Ich beginne das Traummuster zu tanzen, ein paar der Frauen sehen eine Weile zu und tanzen mit. Die mitgebrachten Trommeln nehmen den Rhythmus auf, die Flöten und die Schalmei stimmen ein. Kein Stier, der für uns blutet. Kein Bock, der uns bespringt. Die Erde und wir, die Erde und wir, die Erde und wir.

Tief in der Nacht wandern die Fahrerinnen zurück zum Parkplatz und kommen dann, um die schlaftrunkenen Frauen und Mädchen abzuholen, nach Hause.

Die Handlung

Am nächsten Abend brennt das Feuer auf unserer Rundwiese. Sie ist ein paar hundert Meter vom Dorf entfernt, in einem Rund von Haselnußbüschen umstellt. In den Büschen hängen Figuren und Masken.
Die Federrasseln werden geschüttelt. Der Boden mit den Füßen gestreichelt, gestampft, geknetet.
Wir sind nur 18 Frauen, aber die Wiese ist bevölkert mit vielen Wesen.

Meine Geliebte, die Erde, berührt mich.
Meine Geliebte, die Erde, berühr' ich.
Meine Geliebte, die Erde, beschenkt mich.
Meine Geliebte, die Erde, beschenk' ich.

Die Federrasseln werden geschüttelt. Der Boden mit den Füßen gestreichelt, gestampft, geknetet.

»Das Orakel, Frauen, das Orakel fragen wir.
Weisheit der Erde,
Weisheit der Himmel,
Weisheit der Welten,
Weisheit der Einen, die in uns allen lebt.
Das Orakel, Frauen, das Orakel fragen wir.
Was soll werden?
Was sollen wir bauen?
Was sollen wir weben?
Was sollen wir brauen?
Weisheit der Einen, die in uns allen lebt. «

Aranas Stimme ist voll und weithin zu hören.

Die Federrasseln werden geschüttelt. Der Boden mit den Füßen gestreichelt, gestampft, geknetet.

Der Duft der Salbeiblätter steigt aus dem Feuer, der Rauch der Blätter der Königskerze. Drei Frauen lösen sich aus dem stampfenden Kreis, treten ans Feuer und sprechen das Orakel: »Der Kessel kehrt wieder. Bau, Frau, aus den Farben das Haus.«

AHNINNENGESÄNGE

Aus der Quelle meiner Ahnin
forme ich mit eigner Hand
jetzt mein Leben,
jetzt mein Lieben,
jetzt mein altes Frauenland.

Aus der Quelle ihres Blutes
trinke ich mit jungem Mund
jetzt mein Werden,
jetzt mein Wirken,
jetzt mein neues Sonnenrund.

Aus der Quelle ihrer Weisheit
trag' ich in der Mutter Namen
jetzt mein Wesen,
jetzt mein Streben,
jetzt der Mondin dunklen Samen.

Aus der Quelle ihrer Liebe
schöpfe ich mit aller Klarheit
jetzt die Farben,
jetzt die Formen,
jetzt die ungeteilte Wahrheit.

Aus der Quelle allen Wandels
tanze ich mit aller Kraft
jetzt die Vielfalt,
jetzt die Einheit,
jetzt geheimnisvollen Saft.

21. Juni

Sommersonnenwende ● Litha

Der Traum

Ich bin in der Kathedrale von Chartres. Sonnenlicht fällt durch das riesige Altarfenster. Mitten über dem Labyrinth im Mittelschiff der Kirche schwebt ein strahlender Regenbogen.

Ich gehe hinunter in die Krypta. Noch im Traum weiß ich, daß die schwarze Göttin hier schon vor mehr als viertausend Jahren verehrt wurde und daß der gotische Dom auf einem 70 Meter langen Dolmen, einem megalithischen Heiligtum, erbaut wurde. In der Krypta sieht es aus wie in einem Alchemistenlabor. Glaskolben beherbergen farbige Flüssigkeiten. Bunsenbrenner geben ihre Hitze an kleine bauchige Tiegel weiter, in denen es brodelt und kocht. Niemand ist zu sehen. Dann kommt ein Strom Touristen herunter aus der Kirche. Eine Frau geht voran und erklärt alles. Ich höre, wie sie mit eindringlicher, lauter Stimme sagt: »Die Quelle wurde zugeschüttet. Es war eine Vorsichtsmaßnahme. Niemand sollte hineinstürzen.«

Zwischen den vielen Europäern sehe ich eine sehr dunkelhäutige Afrikanerin. Aufmerksam folgt sie der Frau und ihren Erklärungen. Dann sieht sie mich, löst sich aus der Gruppe, nimmt mich wie selbstverständlich an der Hand und sagt: »Komm, wir feiern Hochzeit.« Wir steigen in die verschüttete Quelle. Unten ist ein wunderschönes Bett im klaren Wasser. Die Frauen des Rates umstehen es. Sie tragen kupferrote Kleider. Die Alte meiner Träume ist da. Sie trägt die Gesichtsmaske einer Biene und ein Fellkleid, das an eine Löwin erinnert. An ihrem Gürtel hängt ein großer Schlüsselbund. Am Fußende des Bettes sitzt eine Quellnymphe, wohl die Hüterin dieser Quelle. Sie ist nackt und lacht uns entgegen. »Ja, kommt, wir feiern Hochzeit«, sagt sie. Die Frauen des Rates nicken zustimmend mit den Köpfen. »Kocht eine neue Chemie!« sagt die Alte. »Los, los, nicht so zimperlich.« Sie schubst mich aufs Bett. »Ich kenne die beiden doch kaum«, protestiere ich schwach. »Ja, wenn du sie nicht kennst, wer dann?« fragt die Alte mich grinsend. »Ach, hör doch auf!« Ich wende mich wütend ab.

Während wir uns lieben, verändern sich die Farben des Regenbogens oben in der Kirche. Ich kann es deutlich, wie durch eine Glaswand, sehen. In der Alchemistenküche gerät alles durcheinander. »Hermaphrodite, Hermaphrodite«, jammert ein Mönch, der dort auftaucht. Ich spüre, wie mein Stoffwechsel sich verändert, wie auch in mir alles durcheinandergerät.

Ich stehe in unserem Bad, eine Freundin ist zu Besuch. Neugierig faßt sie mich an. »Du fühlst dich ganz anders an«, sagt sie. »Ich hab' mir ein neues Haus gebaut«, sage ich.

Die Zwiesprache

Es regnet in Strömen, schon seit Wochen. »Je feuchter es ist, desto mehr Drachen schlüpfen aus«, sagt ein chinesisches Sprichwort. Ob es dann heuer viele Schatzhüterinnen geben wird? Ich sitze in der Mulde bei der Wächterin und sehe durch den Regenschleier hinüber zu den Steindrachinnen. »Ich komm' euch bald besuchen!« rufe ich. Meine Stimme trägt nicht weit, der Regen schluckt sie. Die Erde dampft im warmen Regen. Alles wuchert. Soweit mein Auge reicht, ist das Land in vielfaltiges Grün getaucht.

»Erklärst du mir meinen Traum?« frage ich die Wächterin. Aber sie lacht nur. »Nein, das wirst du selbst tun, lebe ihn einfach, dann wird er sich dir schon erklären. Lehn dich ein wenig zurück, und entspanne dich, dann zeige ich dir etwas, was dir vielleicht hilft.« Ich tue, was sie mir geraten hat. Der Stein hinter mir vibriert, nimmt mich auf, trägt mich fort.

Wieder stehe ich in der Kathedrale von Chartres. Dasselbe Vibrieren unter mir, wie hinter mir im Stein. Das Vibrieren wird zu einzelnen Worten, die aus der Tiefe aufsteigen. »Tehom,

Temu, Tiamat«, singt die Erde, läßt die massiven Steine des megalithischen Tempels tönen, durchdringt den Boden der gotischen Kathedrale und hallt in ihr wider. »Tehom, Temu, Tiamat«, in meinem Körper setzt sich das Vibrieren fort. »Tehom, Temu, Tiamat.« Ich bin die Erde, die ihr Lied singt: »Tehom, Temu, Tiamat.« Ich bin ein kupferner Kessel, die dunkelhäutige Afrikanerin tanzt darin. Die Bewegungen der Quellnymphe lassen die Flüssigkeit im Kessel in Spiralen um die Afrikanerin kreisen. Dann ist die Afrikanerin der Kessel. Ich tanze darin. Die Quellnymphe springt mitten hinein, das Wasser schießt in einer Fontäne in die Höhe. In den zurückkehrenden Tropfen spiegelt sich Licht in tausend Farben.

Nach langer Zeit spüre ich den Regen auf meinem Körper, warm und einschläfernd. »Der Kessel bringt alles hervor, auch die ungeteilte Wirklichkeit. Das Kupfer hilft Farbe und Form zu verleihen. Das Auge des Strudels sieht, weissagt, was getan werden soll. Ihr seid der Kessel.« Die Worte der Wächterin fallen in meine schläfrigen Sinne. Ich rolle mich wie eine kleine Katze zusammen, geschützt von ihr, und schlafe ein.

Das Treffen

Frühmorgens auf einer Waldlichtung. Ich schäle mich aus meinem Schlafsack. Wegen des vielen Regens der letzten Wochen liegt Nebel ringsum, warmer dampfender Nebel. 26 Schlafsäcke, wie Schmetterlingslarven im Kreis. Manche liegen bereits verlassen da. Im Weiher am Rande der Lichtung schwimmen schon einige Frauen. Ich tauche zu ihnen hinein, in das metallische Grün des Wassers. Ein paar Vögel singen, sonst ist alles noch still ringsum. Auch die Frauen im Wasser schwimmen schweigend, als wollte keine diese morgendliche Ruhe stören. Wir machen Feuer für das Frühstück. Langsam kommt Leben auch in die anderen Schmetterlingslarven. Die ersten Lacher sind zu hören, und leise gesprochene Anordnungen an der Feuerstelle.

Frühstück, und zurück ins Wasser. Dösen, Ballspielen, Heiterkeitsausbrüche. So vergeht der Tag. Am späten Nachmittg beginnen wir eine Spirale aus Kupferbändern zu legen, und dorthinein das achtspeichige Rad. Schachtelhalme liegen an der Achse der Sommersonnenwende und Weißdornzweige. Gil hat zwei wunderschöne Scheiben gemacht, eine aus Gold und eine aus Silber, Sonne und Mond. Sie liegen bei den Zweigen. Im Laufe des Tages haben wir ausgemacht, daß jede von uns eine andere bitten kann, für sie in die Mitte der Spirale zu gehen, in das Zentrum der Erinnerung, um sie anzuregen in einem Wesenszug, einer Eigenschaft, die die Bittende an der Freundin sieht und in der sie berührt werden möchte, um sie selbst auf ihre Art wieder leben zu können.

Ich frage Cornelia, ob sie für mich in die Spirale geht. Vor ihr wandere ich hinein, lege mich wie ein Embryo in das Zentrum. Langsam geht sie in die Spirale, kommt näher und näher. Ich liege mit offenen Augen, will auf allen Ebenen sehen. Ich bin froh, daß ich nicht erklären muß, was Cornelia tief in mir an Erinnerung auslöst. Ich habe keine Worte dafür. Ich weiß nur, ich möchte dieses Etwas auf meine Weise wieder wecken, und Cornelia reicht mit ihrer Schwingung so weit zu mir, daß sie mir dabei helfen kann.

Als sie im Zentrum ankommt, legt sie sich zu mir, eng an mich geschmiegt. Eine Weile atme ich in ihrem Rhythmus, dann ist es nicht mehr zu unterscheiden, ihr Rhythmus, mein Rhythmus, unser Rhythmus. Ich nehme durch jede Pore auf.

Viele Stunden bringen wir damit zu, daß jede ihre Ergänzung, statt sie außen zu suchen, in sich selbst anregen läßt – die Hochzeit mit sich selbst, mit Hilfe der geliebten Freundinnen. Die Alchemie der Erinnerung.

Der Kessel hängt über dem Feuer, das wir in der Mitte des Rades, die diesmal gleichzeitig das Zentrum der Spirale ist, entzündet haben. Im Kessel wird Ton erwärmt, Quellwasser und – in hohen homöopathischen Dosen – die Metalle Kupfer, Eisen, Silber und Gold. Zuallerletzt tropft homöopathisches Quecksilber, die Verbindung schaffende Substanz zwischen allen Ebenen, den sichtbaren und unsichtbaren Welten und den sichtbaren und unsichtbaren Wesen, in das Gebräu.

Zwei Frauen und eins der Mädchen stehen um den Kessel und rühren. Sechs weitere umtanzen sie im innersten Spiralkreis, sie tragen abwechselnd Sonnen- und Mondmasken.

Wir anderen tanzen außen um die Spirale und das Rad. Wir rühren den eigenen Kessel. Schwingen das Becken in einer Art Bauchtanz, langsam und stetig.

Regenbogenschlange,
steigst du in des Körpers Gral.
Regenbogenschlange,
steigst du in des Leibes Kessel.
Regenbogenschlange,
hilfst du uns das Haus zu baun, aus dem Traum.
Regenbogenschlange,
steigst du in des Körpers Gral.
Regenbogenschlange,
steigst du in des Leibes Kessel.
Regenbogenschlange,
tanz mit uns das Land der Fraun, aus dem Traum.

Immer schneller schwingen unsere Körper, immer dichter wird die Kraft. So stark und verdichtet ist sie, daß wir meinen, sie greifen zu können. Schneller und schneller schwingen die Körper, und dann, mit einem jähen Aufschrei, schleudern wir die Kraft in den Kessel. Das Feuer darunter schießt einen Augenblick hoch auf und brennt dann wie vorher weiter. Die drei am

Kessel rühren weiter. Die Sonnen und Monde umkreisen sie. Wir ruhen erschöpft im Gras um die Spirale.

Viel später, als der Inhalt des Kessels kälter geworden ist, formt jede ihren Anteil an der Welt des uralten Traums aus dem warmen Ton.

Im Morgengrauen nehmen wir noch ein kühles Bad. Danach füllen sich die Schlafsackraupen wieder. Erst am späten Vormittag bewegen sich die ersten heraus. Der Kupferkessel strahlt hell im Sonnenlicht.

Schwester Schwirrholz

SCHWIRRHOLZ

WIRBEL

ERDÄUSSERES

ERDGESÄNGE

Wenn ich aufsteig' aus den Kesseln,
bar und ledig meiner Fesseln,
wenn die Menschentöchter tanzen,
sich zur Frau, und mich ins Leben,

Reiche ich ihnen mein kupfernes Blut,
weihe sie ein in das heilige Erbe,
schenke ich ihnen geheime Glut
und das Gesetz des Stirb und Werde.

Wenn ich aufsteig' aus den Kesseln,
bar und ledig meiner Fesseln,
wenn die Menschentöchter tanzen,
sich zur Frau, und mich ins Leben,

Kleide ich mich in das Tabu,
zeige ich mich, die Unzähmbare Alte,
die sich behält und den Töchtern schenkt
aus den Gefilden des Tu und Walte.

Wenn ich aufsteig' aus den Kesseln,
bar und ledig meiner Fesseln,
wenn die Menschentöchter tanzen,
sich zur Frau, und mich ins Leben,

Flattern die Fratzen, die Herrscher mir gaben,
lautlos davon in den Nebelschwaden,
steigen die Düfte und Farben empor,
die ich zur Sprache mir auserkor.

Wenn ich aufsteig' aus den Kesseln,
bar und ledig meiner Fesseln,
wenn die Menschentöchter tanzen,
sich zur Frau, und mich ins Leben,

Trage ich aus in geheimen Falten
ihre und meine uralte Lust,
Tabus, die nie der Teilung galten,
jenseits der Grenze, mir immer bewußt.

2. August
Lammas • Lugnasad

Der Traum

Auf einer edlen Fuchsstute reite ich durch die Wüste. Ich bin in altmodische, bunte Gewänder gekleidet. In meinem geflochtenen Gürtel steckt ein wunderschön gearbeiteter Dolch. Ich habe einen Auftrag, den ich vergessen habe. Ich kann mich nicht erinnern, sosehr ich mich auch bemühe. Die weiten Sandwellen rund um mich haben mein Denken aufgesogen. Ich kann nichts tun als reiten, reiten durch den Sand.

Ich grabe verzweifelt nach einer Quelle. Selbst im Traum ist mir die Unsinnigkeit meines Handelns bewußt. Wie besessen grabe ich mit bloßen Händen. Der Sand rutscht immer wieder nach. Ich komme nicht vorwärts. Verzweifelt schlage ich mit den Händen in den Sand. »Du bist verlassen, sie hat dich verlassen, deserta, deserta, deserta«, schreie ich.

Irgendeine hat mich gerettet. Ich liege unter einem dunklen Zelthimmel auf einem geflochtenen Bett. Neben mir kniet eine alte Frau. Sie rührt in einer kleinen Tonschale. Wilde Düfte steigen zu mir auf. Die Kräuter werden in der Schale zerstampft, dabei geben sie diese intensiven Gerüche frei. Die Alte blickt auf und nickt mir zu, dann fährt sie in ihrer Tätigkeit fort. Nach einer Weile streicht sie mir die Haare aus der Stirn, greift mit den Fingern in die Schale und bestreicht mir mit dem Kräuterbrei das Gesicht, dann die Handinnenflächen und die Fußsohlen. »Gut so«, sagt eine vertraute Stimme hinter mir. Ich wende den Kopf und sehe die Alte aus meinen früheren Träumen. Sie tippt mir mit spitzem Finger auf die Brust. »Wieder mal in letzter Minute. Du bist naiv.« Und zu der anderen Frau gewandt sagt sie in einem ehrerbietigen Ton, der mich an ihr erstaunt: »Ich danke dir, Heilerin. Sie wird den Weg jetzt schaffen.« Die beiden Frauen verneigen sich mit auf den Brüsten gekreuzten Armen voreinan-

der. Bevor auch ich mich bedanken kann, ist die Frau verschwunden. Die Alte wendet sich mir wieder zu. »So du, komm, wir haben einen weiten Weg vor uns.« Sie verschwindet im Zeltinneren und kommt kurze Zeit später mit einem Bündel heraus. Ich bin inzwischen aufgestanden. Meine Sachen liegen ordentlich auf einer schön geschnitzten Kiste. Ich ziehe mich an, verschnüre mein eigenes Bündel und folge der Alten wortlos.
Wir gehen, wie mir scheint, endlos. Ich keuche, im Gegensatz zu der alten Frau, die leichtatmig und leichtfüßig dahineilt. Vor uns, im Dunst, steigt ein Gebirge an. Wir halten darauf zu.
Im Gebirge wandern wir höher und höher hinauf. Ich bin zum Umfallen müde, aber die Alte läßt keine Rast zu. Ein breites Felsentor liegt vor uns, und als ich es durchschritten habe, halte ich überwältigt den Atem an. Vor mir liegt ein riesiger, kreisrunder Steinplatz, vier kleine Seen mit tiefblauem Wasser liegen in Mulden. Jetzt scheinen wir Zeit zu haben. »Geh nur, sieh dich um«, sagt die Alte und beginnt mit den Geräten aus ihrem Bündel zu hantieren. Ich gehe an den Felsen entlang. Überall sind Ritzungen angebracht, tanzende Frauen, liegende Frauen, einzeln und in Gruppen. Ich bin so betroffen von der unberührten Schönheit dieses Platzes, daß mir die Tränen in Strömen über die Wangen laufen. »Komm, zieh dich aus«, sagt die Alte, und das erstemal, seit ich ihr begegne, ist ihre Stimme voller Zärtlichkeit. Sie schubst mich zu einem der kleinen Seen. Ich tauche unter. Das Wasser ist wunderbar kühl und wohltuend. Ich steige wieder heraus. Die Alte hat aus dem Harz der vieltausendjährigen Wüstenakazien und ihrem Monatsblut eine Paste gemacht, mit der sie meinen Körper einstreicht. Ihre Hände tanzen auf meinem Körper, geben rhythmische Impulse. Ich beginne mit ihnen zu tanzen, löse mich dann, tanze an all den Ritzungen vorbei, über den ganzen Platz, um die Seen und zurück zur Alten. Während ich tanze, beginnt die Alte in langgezogenen Tönen zu singen: »Aiaiai, Aiaiai, Aiaiai.« Hoch aufgerichtet steht sie. An einer Schnur schwingt sie ein Schwirrholz. Die Luft saust. Das Geräusch des Schwirrholzes jagt mir meinen wahren Namen durch den Körper. Ich beginne mit der Alten zu singen: »Aiaiai,

Aiaiai, Aiaiai.« Vor ihr breche ich einfach zusammen, vor Erschöpfung, vor Glück, aus Erschütterung. Sie kniet neben mir, hält und wiegt mich in ihren Armen und flüstert immer wieder mit glühender Zärtlichkeit: »Erbin, Erbin, Erbin.«

Die Zwiesprache

Der wilde Thymian und die winzigen Bergfrauenmantel blühen. Ihr Duft hängt in der Luft, die flirrend über dem Plateau steht. Bevor ich zur Wächterin gehe, lege ich mich in die Mitte des runden Plateaus, verschränke die Arme unter dem Kopf und schaue in den Himmel, rieche die Kräuter und meine eigenen Düfte, die sich mit den ihren vermischen. Seit Tagen gehe ich mit dem Geschenk des Traumes durch die Welt. Und wieder laufen die Tränen, wenn ich daran denke. Das erstemal seit vielen Jahren sind es Tränen des Glücks und nicht die Tränen der Trauer und der Ratlosigkeit, die ich sonst so oft in dieser Jahreszeit vergossen habe. Ich genieße eine tiefe Lebendigkeit, atme in vollen Zügen. Ein uralter Schmerz hat sich in das weite Glück des Erinnerns aufgelöst. »Oh, dank dir, widerborstige, zärtliche Alte, dank dir, du.« Nach einer langen Stunde, während der ich hier gelegen habe, stehe ich auf und mache mich auf den Weg zur Wächterin.

Heute kann ich mich nicht in die gewohnte Lage setzen. Ich knie vor ihr, lege meine Hände an den warmen Stein, ganz ruhig, damit sie teilhaben kann an meinem Glück. »Ich sehe dein Wesen deutlicher als je zuvor, Beschenkte«, sagt sie nach einer Weile. »Du bist meine Schwester geworden, Schwester der Erde, Mutter der Sterne, Tochter des Alls.« Ich bin erstaunt über diese rituelle Anrede. Meine Hände ruhen noch immer auf ihrem warmen Steinkörper. Wir teilen unsere Lebendigkeit. Ich habe keine Worte für sie, nur meinen Duft und die Sprache meines Wesens.

Das Treffen

In der Hitze des Hochsommers schleppen wir Körbe, Decken, Kissen hinauf auf das Plateau. Diesmal haben wir uns beim Berg der Wächterin verabredet, dort oben, wo immer Wind weht, von wo aus wir das Land rundum weitflächig sehen können. Wir müssen mehrere Male den weiten Weg vom Parkplatz hinauf auf den abgeflachten Kegel machen. Wir schwitzen und stöhnen und lachen. Endlich ist alles nach oben geschafft. Einige wollen zu einem nahegelegenen See fahren, um nach dieser Arbeit zu baden. Wir bleiben zu dritt bei den Sachen oben auf dem Berg. Breiten die mitgebrachten Tücher aus, legen die Kissen rund um diesen irdenen Tisch, holen kleine Steine, die die Tücher beschweren, damit sie nicht ständig davonwehen. Wenn die anderen wiederkommen, werden sie unsere Sachen bewachen und das Rad auslegen, während wir uns ebenfalls im See abkühlen können.

Ein paar Wanderer kommen den Pfad heraufgekeucht. Neugierig kommen sie näher. »Machen Sie einen Film?« fragt uns einer. »Nein, ein Fest«, sagen wir, wie aus einem Munde, und lachen. »Hat eine Geburtstag von Ihnen?« fragt ein anderer. »Ja«, sage ich, »ich!« – »Na dann, alles Gute und viel Spaß«, sagen sie und wandern weiter.

Als wir vom See wiederkommen, ist es schon dämmrig. Der Tisch ist gedeckt, Windlichter brennen. Das Rad ist ausgelegt. Heckenrosenzweige und ein Ast von einer Steineiche liegen an der Achse für Lammas. 64 Teelichter brennen entlang der Radachsen. »Es sieht wirklich wie im Film aus«, lacht Runa, als wir über den Rand des Plateaus kommen.

Es wird ein Abend voller Lachen und voller Lieder. Lieder von Frauen aus Neuseeland und Australien, von Freundinnen aus Italien und Frankreich. Und Lieder aus der Wüste, die Franziska mit ihrer einsaitigen Geige begleitet. Trotz des Windes ist es so warm, daß wir bis tief in die Nacht ohne Decken auskommen.

Während der Nacht haben wir begonnen, uns zu bemalen. Henna und das Tongemisch aus dem Kessel wird auf Frauenkörper gestrichen. »Die Musik der Hände« nennt Gil dieses Spiel. Dann beginnen wir den schamanischen Affentanz zu tanzen, einen Tanz, der europäischem Schönheitsideal widerstrebt, der aber eine starke Kraft im Körper freisetzt. Mit schaukelnd nach vorne gebeugtem Oberkörper, die Arme fast am Boden pendelnd und mit schlurfenden, wiegenden Schritten tanzen wir hintereinander im Kreis. Stundenlang. Immer wieder verläßt eine erschöpft den Kreis, rollt sich in ihre Decke und schläft geschützt inmitten der Tanzenden ein.

Die letzten von uns sehen die Sonne im Osten über die Hügel kommen. Nach dem Frühstück machen sich diejenigen, die kein Holzstück für ihr Schwirrholz mithaben, auf, um eines für sich zu suchen. Den ganzen Tag über arbeiten wir an den Schwirrhölzern. Der Tanz hat uns aufgeschlossen gemacht für die Ahninnenkraft, die wir mit den Schwirrhölzern rufen werden. Manchmal, wenn eine von uns Pause macht, wandert sie zwischen den arbeitenden Frauen dahin, um die Hölzer zu betrachten, die entstehen. Es ist einfach und schön hier zusammen, und alle sind in die Konzentration des Kräfteschmiedens eingewoben.

Am Abend sind alle mit ihrer Arbeit fertig. Wir sind hungrig wie Wölfinnen. Zum Glück sind die ersten schon vor etwa zwei Stunden zu uns nach Hause gefahren und haben sich um ein gutes Essen gekümmert. Wir ziehen ihnen nach.

Nachdem wir ausgiebig und köstlich gespeist haben, wandern wir wieder los. Diesmal ist der Weg nicht so weit. Wir haben den eigenen großen Garten neben der Rundwiese auserkoren. Masken und Figuren kommen mit, die Schwirrhölzer kommen mit. Eine lachende Prozession zieht aus dem Dorf.

Unten auf der Wiese werden die Masken in die Obstbäume gehängt, die Figuren zwischen die Büsche plaziert, die Schwirrhölzer auf einen großen Haufen in der Mitte zwischen uns aufgeschichtet.

Ahnin, hier bin ich,
die Erbin des Blutes.
Ahnin, hier bin ich,
die Erbin des Gutes.
Ahnin, ich höre
die Sprache der Alten.
Ahnin, ich rieche
die Düfte von Neuem.
Ahnin, ich schmecke
das Salz deiner Wahrheit.
Ahnin, ich taste
die Haut deiner Form.
Ahnin, ich will sie,
die Kraft deiner Liebe.
Ahnin, ich will sie,
die Kraft deines Zorns.

Ahnin, wir laden
die Macht deiner Stimme.
Ahnin, wir legen
die Bindung ins Holz.

KRIEGERINNENGESÄNGE

Mit meinem lautlosen inneren Sinnen
hör' ich den Ton und das Echo der Welt,
hör' ich den wahren heiligen Namen,
der diese Erde zusammenhält.

Über die Stufen der schweigenden Sprache
steig' ich hinab in die Formen der Welt,
sprech' ich die uralten mächtigen Worte
in einem schwingenden, singenden Feld.

Jede das Ihre,
alle gemeinsam
bauen wir Ton um Ton
unsre Welt.

Über die Stimmen der tanzerden Hölzer
fühl' ich mich ein in den Körper der Erde,
flüstre der Dinge wirklichen Namen,
flüstre von Wandel und Sein und von Werde.

Durch die Silben der lebenden Kräfte
hol' ich mir wieder die Wahrheit des Traums,
geb' ich der Zeit ihre wahre Bedeutung,
bind' ich mich ein in die Weite des Raums.

Jede das Ihre,
alle gemeinsam
bauen wir Ton um Ton
unsre Welt.

23. September
Herbsttagundnachtgleiche ● Mabon

Der Traum

Ich stehe am Fenster und blicke aufs Meer. Das Haus, in dem ich wohne, liegt auf einer Klippe. Ich erwarte ein Schiff. Angestrengt suchen meine Augen das weite Wasser ab. Nach einer Weile bin ich das Warten müde. Mit einer Adlerschwinge male ich Zeichen in die Luft. Gleich darauf geht die Zimmertüre auf, ein greisenhaftes Kind kommt herein, verneigt sich und sagt: »Herrin, das Schiff ist eingelaufen.« Artig schließt es die Türe wieder hinter sich. Ruhig ziehe ich mir ein Federgewand an, binde meinen Gürtel, an dem Schlüssel und eine Knochenflöte hängen, und verlasse den Raum.

Im kleinen Hafen, der zum Haus gehört, liegt das erwartete Schiff. Die Frauen des Rates steigen gerade aus. Wir verneigen uns alle wortlos und mit Würde voreinander. Wir haben einen Plan. Ich weiß, daß ich ihn nicht wissen muß, sondern nur tun. »Zur rechten Zeit!« sagt eine der Frauen des Rates, als wollte sie meinen unausgesprochenen Satz beenden. Ich führe sie den Pfad bergauf, aber nicht zum Haus, sondern weiter die ginsterbewachsenen Hügel hinauf, bis wir oben an alten Tempelresten haltmachen.

»Was tust du?« fragt eine der Frauen mich streng.

»Ich versuche, mein Leben um meinen Namen zu falten«, sage ich.

Einige der Frauen haben mit kundigen Händen einen Omphalos (Steinkegel), der unter Ginstersträuchern versteckt war, freigelegt. Wir legen Hände und Ohr an den Stein. Unsere Hände und unsere Ohren hören die wahren Namen der Formen, die wir wirken sollen. Wir stehen auf. Unsere Hände malen die Formen in die Lüfte, unsere Münder formen die Silben der Kraft. So arbeiten wir lange.

Dann gehen wieder einige Frauen los und holen Schwirrhölzer aus versteckten Nestern. Ich wundere mich, daß ich sie nie gesehen habe. Eine lacht, sicher über die Gedanken, die sie von mir aufgefangen hat.

Eine nach der anderen nimmt ein Schwirrholz und läßt es an der Schnur schwingen, schneller und schneller, bis sie die Schnur losläßt und das Schwirrholz weit über den Himmel jagt. »Die Frauen, die diese hier gerufen haben, werden sie finden«, sagt eine auf meinen erstaunten Blick. Hoch am Himmel sausen die Schwirrhölzer dahin.

Die Zwiesprache

»Ich möchte dich entlassen.« Ich habe mich kaum in der Mulde zu Füßen der Wächterin niedergelassen, als sie diesen Satz ausspricht. »Warum?« frage ich überrascht. »Weder bin ich weiter deine Wächterin, noch bin ich weiter deine Lehrerin. Ich sende dich zur Nymphe am Wasserfall. Dort wirst du deine Zwiesprachen im nächsten Jahr abhalten. Du bist mir jederzeit willkommen, Schwester. Aber dies Bündnis ist vorbei.«

»Willst du mir nichts zu meinem Traum sagen?« frage ich enttäuscht. Aber sie lacht nur und antwortet gutmütig: »Was sollte ich dir sagen, was du nicht selbst längst weißt?«

Eine Weile sitze ich stumm und verloren da. Dann beginne ich, auf meiner Flöte zu spielen. Ich versuche der Freundin die Töne, die ich in der Tempelruine gehört habe, vorzuspielen. Ich komme dem Gehörten in etwa nahe. Ich spiele und spiele, all die Fragen und Antworten aus meinem Traum. Dann spiele ich ihr den frühen Herbst rund um uns; die hier aufleuchtenden, dort verblassenden Farben im Abendnebel; den stetigen Wind auf dem Berg; die Bräune der abgeernteter Felder; meine Zuneigung zu ihr; meine Freude über dieses Jahr und meinen Abschied von ihr als Lehrerin.

»Ich danke dir«, sage ich, dann stehe ich auf und gehe. Wenn ich wiederkomme, wird es anders sein.

Das Treffen

Bevor die Frauen diesmal kommen, haben Birgit und ich den Zeremonienraum neu gestrichen. Alles ist hell und weiß. Das achtspeichige Rad liegt in der Mitte, Weinranken und Brennesselpflanzen liegen an der Achse für die Herbsttagundnachtgleiche. Tücher und Öle für Massagen sind ausgebreitet. Die Werkstatt ist aufgeräumt und das Handwerkszeug ordentlich sortiert.

Wir wollen zusammen schweigen, damit die alten Worte aus unseren Innenräumen aufsteigen können, damit die Sprache des Schwirrholzes uns erreichen kann. Es ist nicht ganz leicht, auf die bekannte Sprache unserer schnellen Zungen zu verzichten. Aber immer wenn das erste Befremden abgeklungen ist, die lautlosen Gespräche im eigenen Kopf aufgehört haben, ist es wundervoll. Eine mächtige Verbindung pulsiert dann zwischen uns, und es entsteht Raum für andere Mitteilungen, andere Sprachen.

Langsam treffen die Frauen ein. Bei der Begrüßung gibt es noch verlegenes Gekicher, dann ist eine erholsame Ruhe im Haus, obwohl wir mit den Töchtern 21 Frauen sind.

Jede hat sich Material für das Herstellen von Kraftgegenständen mitgebracht – die eine macht sich einen Gürtel, um daran ihre Medizinbeutel aufhängen zu können, die andere ein Stirnband, um einen wichtigen Stein zu verarbeiten. Die nächste webt sich ein Band aus Seidenfäden für ihre Trommel. Ich drehe eine Tonschale, um darin Pasten und Pflanzenbreie anrühren zu können. In den Pausen massieren wir uns gegenseitig. In der großen Küche ist auf einem langen Tisch ein kaltes Buffet angerichtet, und in einem Topf köchelt eine Suppe vor sich hin. Jede geht dorthin, wann es ihr in die Arbeit paßt. So verbringen wir zwei Tage.

Die Handlung

Im Schutz der Dunkelheit verlassen wir das Dorf. Jede, die wollte, ist in ihr zeremonielles Kleid geschlüpft. Die Mädchen tragen zum ersten Mal ein solches Gewand. Sie haben die letzten zwei Tage daran gestickt, Perlen aufgenäht, Zeichen darauf gemalt. Die neu gearbeiteten Gürtel, Spangen, Stirnbänder werden stolz getragen.

Schweigend wandert der Zug in den Garten. Die Schwirrhölzer tragen wir bei uns. Auf der Wiese legen wir sie wieder auf den Haufen, so sieht es aus, als hätten wir sie nie hier weggenommen.

Es ist so dunkel, daß eine kaum die eigene Hand vor dem Gesicht sieht. Aber selbst die Frauen, die sich sonst im Dunkeln nicht zurechtfinden, haben heute keine Schwierigkeiten wahrzunehmen, was rund um sie geschieht.

Nach einer Weile beginnt das erste Schwirrholz zu kreisen. Die Geräusche sind mir aus meinem Traum vertraut. Bewegungen und das Atmen rund um mich sagen mir, daß einige Frauen für sich tanzen. Ein nächstes Schwirrholz stimmt ein, dann noch eins und noch eins. Vier Hölzer wirbeln. Die Stimmen der Ahninnen formen in unseren Körpern Silben, alte Worte aus längst vergangenen oder noch nie dagewesenen Sprachen. Manche tanzen die Silben in die Erde hinein, manche tanzen sie mit ihren Händen in die Lüfte, manche tanzen sie in ihr inneres Feuer hinein, manche tanzen sie in die Flüssigkeiten ihres Körpers.

Schwester Schwirrholz, alte Vertraute,
komm nur, komm nur unter die Haut.
Schwester Schwirrholz, alte Vertraute,
gerne, gerne bin ich dir Braut.

Schwester Schwirrholz, junge Geliebte,
sind nur, sing nur weit in den Raum.
Schwester Schwirrholz, junge Geliebte,
lieb mich, lieb mich in unsern Traum.

Anmerkungen

1. Barbara Starrett: Ich träume weiblich, Frauenoffensive Verlag, München 1978

2. Robin Morgan: Anatomie der Freiheit, Frauenoffensive Verlag, München 1985

3. Marockh Lautenschlag: Araquin, Medea Verlag, Frankfurt 1981

4. Christa Reinig: Die Frau im Brunnen, Frauenoffensive Verlag, München 1984

5. Sir John Woodroffe: Die Girlanden der Buchstaben, Barth Verlag, Weilheim 1968

6. Alex Wayman: The buddhist tantras, 1962

7. Barbara Walker: Die weise Alte, Frauenoffensive Verlag, München 1986

8. Adrienne Rich/Audre Lorde: Macht und Sinnlichkeit, Sub rosa Verlag, Berlin 1983

9. Adrienne Rich: »Frauen und Ehre«, in: Rich/Lorde: Macht und Sinnlichkeit, siehe Anm. 8

10. Robin Morgan: »The network of the imaginary«, in: Lady of the Beasts

11. Siehe Anm. 7

12. Monique Wittig: Die Verschwörung der Balkis, Frauenoffensive Verlag, München 1980

13. Zit. aus A. Lorde: »Erotik als Macht«, in: Macht und Sinnlichkeit, siehe Anm. 8

14. Siehe Anm. 12

15. Aus meinem gleichnamigen Buch

16. Siehe Anm. 2

17. Zit. aus Lynn Andrews: Die Medizinfrau, Ansata Verlag, Interlaken 1983

18. Veröffentlicht in: Mond, Mond, Frauenoffensive Verlag, München 1978 (vergriffen)

19. Barbara Starrett: Ich träume weiblich, siehe Anm. 1

20. Lena Vandrey: »Stilleben«, in: Paradigmen der unbequemen Schönheit, Verlag Zeichen und Spuren, Bremen 1986

21. Lynn Andrews: Der Flug des siebten Mondes, Sphinx Verlag, Zürich 1986

22. Monique Wittig: Die Verschwörung der Balkis, siehe Anm. 12

23. Elizabeth A. Lynn: Die Tänzer von Arun, Heyne Verlag, München 1983

24. Kaye Hoffman: Tanz, Trance, Transformation, Droemersche Verlagsanstalt, Th. Knaur, Nachf., München 1984

25. Phillip Deere: »Warnung vor falschen Medizinmännern«, in: Der Erde eine Stimme geben, rororo 5219, Reinbek 1987

ALBE, Hernandez de: San Agustin Kultur, Megalithkultur Kolumbiens, Kolumbien 1943
ALLIONE, Tsültrim: Tibets weise Frauen, München 1986
ANDREWS, Lynn: Die Medizinfrau, Interlaken 1983
dies.: Der Flug des siebten Mondes, Zürich 1986

BAAREN, Th. P. van: Selbst die Götter tanzen, Gütersloh 1964
BAKAYM, Kanèl: Scythian Rattles in the Carpathian Basin, Amsterdam 1971
BAMBERGER, Joan: The Myth of Matriarchy aus: Women, Culture and Society, Hrsg. Rosaldo & Lamphere, Stanford 1984
BHATTACHARYA: Indian Puberty Rites, Calcutta 1968
BIEGERT, Claus, Hrsg.: Der Erde eine Stimme geben, Indianische Welten, Rowohlt, Hamburg 1987
BUSELMAIER, Werner: Biologie für Mediziner, Berlin-Heidelberg 1974

CHARPENTIER, Louis: Die Geheimnisse der Kathedrale von Chartres, Köln 1983

DALY, Mary: Gyn/Ökologie, eine Meta-Ethik des radikalen Feminismus, München 1981
DELANEY, Janice: The Cube, a cultural History of Menstruation, New York 1976
DOWMAN, Keith: Sky Dancer, London 1984

ECKERT, Georg: Beiträge zur Macedonischen Volksmagie, Thessaloniki 1942
ERMAN, A.: Reden, Rufe und Lieder auf Gräberbildern, Berlin 1919
ERNST, Alice Henson: The Wolf Ritual of the Northcoast, Oregon 1952

FALB, Rudolf: Das Land der Inca, in seiner Bedeutung für die Urgeschichte der Sprache und der Schrift, Herbstein 1984
FESTER, Jonas: Kinder der Höhle, München 1980
ders. u. a.: Weib und Macht, München 1976

FORREST, Earle R.: The Snake Dance of the Hopi Indians
FRANCIA, Luisa: Mond, Tanz, Magie, München 1986
FRANKENBERG, Gisela von: Kulturvergleichendes Lexikon, Von Abendland bis zum Zweisonnensystem, Bonn 1984
FRISBIE, Charlotte: Kinaalda, A Study of the Navaho Girl's Puberty Ceremony, Middletown Conn., Wesleyan University Press, 1967
FRYETT, J. Thomas: The Musical Culture of the Crow Indians in Montana, Boulder 1977

GERHARDT, Marlis: Stimmen und Rhythmen, Weibliche Ästhetik und Avantgarde, Darmstadt 1986
GRAHN, Judy: The highest apple, Sappho and the lesbian poetic tradition, San Francisco 1985
dies.: another mother tongue, gay words, gay worlds, Boston 1984
GROENING, Lies: Die lautlose Stimme der einen Hand, Hamburg 1985

HAUSCHKE, Rudolf: Substanzlehre. Zum Verständnis der Physik, Chemie und therapeutischen Wirkung der Stoffe, Frankfurt/Main 1976
HAYS, W. R.: The dangerous sex. The Myth of feminin Evil, New York 1965
HEGER, Franz: Alte Metalltrommeln aus Südostasien, Leipzig 1902
HERMANNS, M.: Schöpfungs- und Abstammungsmythen der Tibeter, Antropos, XLI–XLIV 1946–1949
HOEMN, Karl: Artemis, Zürich 1946
HOFFMAN, Kaye: Tanz, Trance, Transformation, München 1984

KIND, Anthony: Yoruba sacred music from Ekiti, Nigeria 1961
KIRBY, Percival R.: The Musical Instruments of the Native Races of South Africa
KÖNIG, Marie: Die Frau im Kult der Eiszeit, in: Weib und Macht, Frankfurt 1980
dies.: Unsere Vergangenheit ist älter, Frankfurt/Main 1980
KRAUS, Alexandre: La musique au Japon, Florence 1879

LYNN, Elizabeth: Die Tänzer von Arun, München 1983

MALM, William P.: Japanese music and musical instruments, 1959
MEYER-THOSS, Christine, Hrsg.: Meret Oppenheim, Aufzeichnungen 1928–1985, Berlin-Bern 1986
MIES, Maria: Tantra-Magie oder Spiritualität, Aufsatz in: Beiträge zur feministischen Theorie und Praxis, Heft 12, 7. Jahrgang, Köln 1984

MILLER, GEARHART, Sally: Das Wanderland. Geschichten von den Hügelfrauen, München 1982

MORGAN, Robin: Anatomie der Freiheit. Feminismus, Physik und Weltpolitik, München 1985

MÜLLER-HESS, Hans Georg: Die Lehre von der Menstruation vom Beginn der Neuzeit bis zur Begründung der Zellenlehre, in: Abhandlungen zur Geschichte der Medizin und der Naturwissenschaften, Hrsg. Diepgen, Paul u. a., Berlin 1938

PELIKAN, Wilhelm: Sieben Metalle. Vom Wirken des Metallwesens in Kosmos, Erde und Mensch, Dornach 1981

PRUNNER, Gernot: Papiergötter aus China. Populäre Druckgrafik religiösen Inhalts aus den Beständen des Hamburgischen Museums für Völkerkunde, Hannover 1987

RANKE-GRAVES, Robert: Die Weiße Göttin, Berlin 1981

RIVIÈRE, Patrik: Sur les Sentiers du Graal, Paris 1984

RUSH, Anne Kent: Mond, Mond, München 1978

SAGAN, Carl: Unser Kosmos, München 1982

SAWYERE, David: Vibrations. Making unorthodox musical instruments

SCHIRAN, Ute Manan: Mein Begehren ist die Erde. Fragmente weiblicher Tabus, Sulzdorf 1986

SCHÖLL, Hans: Die drei Ewigen, Jena 1936

SCHÖNBERGER, Martin: Verborgener Schlüssel zum Leben, Weltformel I-Ging im genetischen Code. Bern-München 1973

SCHULTZ, Dagmar, Hrsg.: Macht und Sinnlichkeit. Ausgewählte Texte von Adrienne Rich und Audre Lorde, Berlin 1983

SHARP, Creil J.: The Sword-Dancers of Northern England, London 1911–51

SHUTTLE, Penelope und REDGROVE, Peter: Die Weise Wunde Menstruation, Frankfurt/Main 1983

SIBRINGER, Heinrich: Gong und Gongspiele, Leiden 1939

STARRETT, Barbara: Ich träume weiblich, München 1978

STEPHENS, W. N.: A cross-cultural study of menstrual taboos, Genet. Psychol. Monogr. Vol. 64, 1961

VANDREY, Lena: Paradigmen der unbequemen Schönheit, Bremen 1986

WALKER, Barbara: Die Weise Alte. Kulturgeschichte – Symbolik, Archetypus, München 1986
dies.: The Women's Encyclopedia of myths and secrets, San Francisco 1983
WAYMAN, A.: Female energy and symbolism in the buddhist tantras, History of Religions, 1962
WEIDEGGER, Paula: Menstruation and menopause, New York 1980
WEILER, Gerda: Der enteignete Mythos. Eine notwendige Revision der Archetypenlehre C. G. Jungs und Erich Neumanns, München 1985
WISSELINCK, Erika: Frauen denken anders, Straßlach 1984
WOODROFFE, Sir Jon (Arthur Avalon): Shakti and Shakta, Madras, London 1929
ders.: Hymn to Kali, Madras 1933
ders.: Die Girlanden der Buchstaben, Weilheim 1968

ZOETE, Beryl de: Dance and magic drama in Ceylon, London 1957
ZUKAV, Gary: Die tanzenden Wu Li Meister. Der östliche Pfad zum Verständnis der modernen Physik: vom Quantensprung zum Schwarzen Loch. Hamburg 1981

Westliche
Wege

(86038)

(86040)

(4211)

(86098)

(4248)

(4241)

Westliche Wege

Neil Douglas-Klotz

Das Vaterunser

Meditationen und Körperübungen zum kosmischen Jesusgebet

Esoterik

(86008)

Thomas Sugrue

Edgar Cayce

Die Geschichte eines schicksalhaften Lebens

Esoterik

(4107)

Hanneke und Hans Korteweg

Dem inneren Licht folgen

Chakren, Charakterstrukturen und die sieben Strahlen

Esoterik

(4261)

Katja Wolff

Der kabbalistische Baum

Adams Schlüssel zum Paradies

Esoterik

(4223)

Katja Wolff

Magie

Kunst des Wollens Macht des Willens

Esoterik

(4262)

Anja Malanowski
Anne-Bärbel Köhle

Hexenkraft

Macht und Magie der weisen Frauen heute

Esoterik

(86096)

Schicksalsdeutung

Golmyn
Das Schicksal in den Zahlen
Lebenshilfe durch Numerologie

Esoterik

(86011)

Marlies Burghardt
Tarot und Lebensbaum

Esoterik

(86028)

Dorothée Koechlin de Bizemont
Karma-Astrologie
Das Horoskop als Spiegel vergangener Leben

Esoterik

(4131)

Marie Louise Lacy
Das Farborakel
Die psychologische und spirituelle Bedeutung der Farben
Mit 28 Farbkarten

Esoterik

(4260)

Nathaniel Altman
Die Praxis des Handlesens
Ein Ratgeber zur psychologischen Handanalyse

Esoterik

(4166)

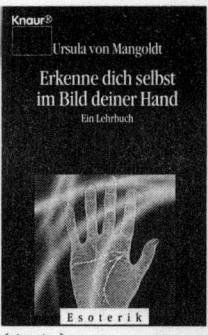

Ursula von Mangoldt
Erkenne dich selbst im Bild deiner Hand
Ein Lehrbuch

Esoterik

(4240)

Knaur ®

Schicksalsdeutung

Rachel Pollack
Tarot
78 Stufen der Weisheit

Esoterik

(4132)

Rachel Pollack
Das Tarot-Übungsbuch

Esoterik

(4168)

Waltraud Drexler
DIE KRAFT DER RUNEN
Mit Runen arbeiten und leben

(86009)

Don Richard Riso
Die neun Typen der Persönlichkeit
und das Enneagramm

Esoterik

(4213)

Helen Palmer
Das Enneagramm
Sich selbst und andere verstehen lernen

Esoterik

(4244)

Eli Jaxon-Bear
Die neun Zahlen des Lebens
Das Enneagramm – Charakterfixierung und spirituelles Wachstum

Esoterik

(86014)